AF410597

Los sabores de mi mundo

CLAUDIA ELIZABETH GARCETE

Título: *Los sabores de mi mundo*
© 2019, Claudia Elizabeth Garcete

Autoedición y Diseño: 2019, Claudia Elizabeth Garcete
Ilustración de portada: Jaime Silva González
claugarcete81@gmail.com

Primera edición: junio de 2019
ISBN-13: 978-84-09-09021-1

ÍNDICE

"Dicen que todos llevamos un niño interior que muchas veces lo hemos olvidado, y otros dicen que deben ser despertado, yo todavía sigo siendo un niño, y me permito soñar, no temo ser un gran soñador, tu tampoco tendrías que temer, porque me revelaron un secreto, me dijeron que los sueños se cumplen cuando anhelas desde el fondo de tu alma y con todo tu ser, dios o el universo o en lo que tú creas, te escucha, y hace tus sueños realidad.

El verano ya se está despidiendo, tuve uno de los veranos más bonitos de mi vida, y me encantaría compartírtelo, ya está amaneciendo más tarde, y oscureciendo más temprano, poco a poco el verano se aleja y el fresco otoño está golpeando mi puerta, disfruto cada estación del año de una manera muy especial, y una de estas hermosas tardes, escuché unas palabras tan bonitas, pero tan bonitas que embellecieron mi mundo entero, que directamente capto mi atención, y se apoderó de todos mis sentidos y me llegó al corazón como un rayo de luz que entra por la ventana, por eso creo que tendría que estar escrito en un libro y toda persona que pueda leer sentir, percibir e imaginar sea una persona afortunada, espero que lo disfrutes tanto como yo, y DICE ASÍ…

En algún lugar...

En algún lugar sobre el arco iris
Muy alto,
Y los sueños que has soñado
Alguna vez en una canción de cuna,
Oh en algún lugar sobre el arco iris,
Pájaros azules vuelan
Y los sueños que soñaste
Los sueños se vuelven realidad
Algún día deseare estar sobre una estrella. Despertar donde las nubes están muy debajo de mí
Donde los problemas se derriten como gotas de limón
Arriba muy arriba de las chimeneas
Allí es donde me encontrarás
Oh en algún lugar sobre el arco iris
Pájaros azules vuelan,
Y los sueños a lo que te atreves,
Oh porque, porque, no puedo,
Bueno veo arboles de verde y,
Muchas rosas rojas, las veré florecer
Para ti y para mí,
Y pienso...
Que es un mundo maravilloso
Bueno, veo cielos de azul y
Nubes de blanco,
Y el brillo de día,
Me gusta la noche,
Y pienso que es un mundo maravilloso,
Los colores del arco iris,
Tan bonitos en el cielo,
Es tan tan bien en las caras,

De la gente que está pasando,
Y veos amigos sacudir sus manos,
Diciendo como estas,
Realmente dicen,
Te quiero,
Escucho bebés llorar
Y los miro crecer,
Aprenderán mucho más más,
Que todos nosotros
Y yo creo,
Que es un mundo maravilloso
En algún lugar sobre el arco iris
Muy alto,
Y los sueños que has soñado
Alguna vez en una canción de cuna,
Oh en algún lugar sobre el arco iris,
Pájaros azules vuelan
Y los sueños que soñaste
Los sueños se vuelven realidad

Israel kamakawiwo`ole

"Cuando la
alimentación es
mala la medicina
no funciona,
cuando la
alimentación es
buena, la medicina
no es necesaria".

Proverbio ayurveda

Una pequeña nota para una gran persona: ¡Sí!, para ti, QUERIDO LECTOR/A:

En primer lugar antes de que comiences la lectura quiero darte las gracias, como me encanta hacerlo en mis libros, soy Claudia mamá de David, gracias, gracias, gracias de todo corazón, por sostener este libro en tus manos en este momento, por estar interesad@ en cambiar modificar o mejorar la salud de tu hij@ y tu familia.

Estás en el lugar correcto, si tienes un hij@ en "EL MUNDO DE DAVID" así lo llame yo al diagnóstico de mi hijo, lo cual lo enfocó desde el amor incondicional, único y verdadero es el amor más fuerte que puedes llegar a sentir, sin juzgar, sin necesitar, sin esperar, sin expectativas, solo aceptar, solo recibir ✦☺ todos estos años fui aprendiendo lo que significa este amor tan inmenso, 🖤☺

"No creo que conozca a nadie ni sé si conoceré a alguien que tenga tanto amor incondicional para DAR cómo David" ♥es un dulce de leche ☺

Aprendí que solo abriendo el ♥ y la mente puedes llegar a entender este tipo de amor ☺ completamente puro, único e irreemplazable ☺ no te desanimes, no decaigas, no te canses de buscar la solución y nada mejor que comiences cambiando su estilo de alimentación ✓

❣ No sé qué desafíos tienes en este momento, lo que si te puedo decir es que todo comienza en nuestro intestino, la flora intestinal es la raíz de nuestro cuerpo, los SERES HUMANOS 👫 somos como los árboles 🌳 para tener unas buenas, ramas, hojas y frutas, debemos cuidar la raíz... en este caso para que todo funcione bien en tu organismo debes cuidar tu flora intestinal, a través de una buena alimentación, la "ALIMENTACIÓN CORRECTA".

Durante la lectura te darás cuenta de que David narra la historia, donde se expresa desde el deseo, como lo explico en mi primer libro los secretos de mi mundo.

Ahora si comenzamos, no te robo más tiempo, ¡gracias nuevamente por estar aquí!

Con cariño

Claudia ♥

Hola, soy David y este es mi maravilloso ☺♥☼ mundo, recuerdas que te contaba en mi primer libro que desde mi ventana la veía a esa señora simpática y la elegí como mamá, la veía siempre en la cocina, el sabor de su comida era tan deliciosa que llegaba hasta mi mundo, bueno ese es el motivo por el cual quiero compartir contigo las páginas de mi 2do libro, porque realmente su comida es una delicia, nutritiva y curativa. En esta etapa vamos a aprender muchísimo sobre alimentación, también a cocinar unas súper recetas saludables, una de las cosas que mi mamá realmente disfruta es la cocina, ella desde muy pequeña soñaba con ser chef, y nunca imaginó que iba a poder ejercer esa profesión, sin haber estudiado, hace casi diez años atrás. Hoy en la actualidad está estudiando nutrición, ¿por qué te cuento esto?, porque ella aprendió sola, a hacer variedades de comidas, saludables.

Siempre repite desde su alma y su corazón, ama cocinar para mí ♥ como sabrás, le encanta alimentarme súper bien, pasar tanto tiempo en la cocina no es algo difícil para ella. Veamos te voy a compartir mis recetas favoritas, mis postres deliciosos para que tú también puedas compartir con tu familia, después me contarás qué piensas al respecto, porque sé que te encantarán ♥

Mi mamá comenzó a implementar este estilo saludable, cuando yo era muy pequeño, en esa época, era todo un misterio las dietas libres de gluten y caseína, y las palabras "alérgico al gluten" eran totalmente desconocidas, pero ella tenía un AS bajo la manga, lo que nadie sabía es que ella es una excelente investigadora y le fascina profundamente la cocina; esas dos combinaciones nos llevaron donde estamos hoy por hoy y de esta manera nos estamos conociendo tú y yo.

Para mí es la mejor chef del mundo ☺ mis platos favoritos son realmente exquisitos, jamás pensé decir esto, pero disfruto muchísimo comer saludable, pensar que al principio fue muy difícil, ahora con todo lo que he aprendido no creo que pueda comer diferente, ya cumplí 11 años, ella me está enseñando a cocinar, estamos en el mes de agosto, es verano aquí en España, aprovecharé para disfrutar los últimos días de verano. Este domingo me desperté más temprano que lo normal, porque iremos a pasar el día en la playa, con el calorcito de Sevilla, se siente desde temprano la temperatura que hará durante el día, entonces me asomé a la cocina y ella me dice, ¡David llegó el momento de que aprendas a cocinar!, necesito ayuda.

Mientras ella está "tomando mate" su bebida favorita, (es muy típico en Argentina) yo voy lavando las verduras. Una vez que termino, ella va cortando las verduras, coloca en la sartén con un poquito de aceite de coco y me pide que le pase las semillas, las trituramos hasta hacerlo harina, con un procesador de verduras que también sirve para las semillas; las verduras ya están lista, las mezclamos con la harina y dos huevos, se mezcla todo "yo" voy colocando en la sartén y con una cucharita pequeña van quedando en forma de tortillas, estoy muy feliz y muy orgulloso de mi mismo!

¡Estas tortillas de verduras están deliciosas!

Así fue que aprendí a hacerlas y tú también puedes hacerlo o si eres madre de algún niño o niña muy afortunada/o estás en el lugar perfecto, porque aquí compartiremos muchísimas cosas que van a aportar a tu vida y a la de tu familia muchos beneficios ☺

> *"UNA RECETA NO TIENE ALMA,*
> *ES EL COCINERO QUIEN DEBE DALE ALMA*
> *A LA RECETA"*

Thomas Keller

En el primer libro aprendimos bastante de alimentación; en este segundo libro, vamos a profundizar cada tema y uno de esos temas es porque debemos llevar una alimentación libre de gluten y caseína, cuando tenemos el "mundo de David"; pero déjame contarte algo, este estilo de vida es para todo tipo de personas y especialmente las personas que tengan problemas digestivos, intolerancias, alergias, desequilibrio emoción, hiperactividad dislexia, displasia, falta de concentración… me atrevo a decir eso porque si realmente quiero ayudar a miles y millones de personas tengo que expresarlo en este libro: realmente la alimentación es la base, porque todo comienza en nuestra flora intestinal, es la raíz de nuestro organismo, como ya lo vimos antes, teniendo la flora intestinal desequilibrada, es ahí donde comienzan los desafíos con respecto a la salud.

Todo nace de adentro para afuera, todo lo que sucede en nuestro sistema gastrointestinal lo vamos expresando con algunas dolencia o desafíos, con este nuevo "estilo de vida maravillosamente sano". Te enseñaré paso a paso para que puedas aprender y darle a tu organismo y tu cuerpo la mejor nutrición, aquí hablaremos de todo desde comidas, recetas, medicina china, cómo funciona nuestro organismo… es muy importante ir tomando nota, de todas las cosas que vayas leyendo, lo más importante es ir implementando, hasta tener resultados maravillosos. Con respecto a la salud tuya y de tu familia, si bien va enfocado a los niños "con el mundo de David" también sirven para el resto de la familia, verás que durante la lectura descubrirás cosas que jamás te habías imaginado, venimos creciendo y arrastrando creencias alimenticias de años, de nuestros padres, de nuestros antes pasado, de generación en generación, según el país y las costumbres que tengas, entonces aquí encontrarás, mitos o leyendas sobre alimentación, que tú pensaste que eran erróneas y resulta que no tenían razón, esto es solo un adelanto… en primer lugar quiero darte las gracias por leer hasta aquí, veo que realmente estás interesad@ si comienzas a apuntar todas las cosas que no son conveniente para la salud, y haces una lista de todos los productos y todas las cosas que no deberían estar en tu cocina.

Si tienes un hijo en el "Mundo de David" o lo mejor tiene otro desafío, darás un salto cuántico, enorme y pronto verás como poco a poco te irás sintiendo súper bien, tú, tu hijo y toda tu familia. A medida que pasen los días comenzarás a sentirte cada vez mejor, con más salud, más vitalidad, más energía, más entusiasmo por la vida, y tu hijo comenzará a sanar, a reírse, a entender, a querer estar contigo otra vez, a interactuar. Bueno no te hago esperar más ¡sigamos!

AYÚDAME A DESCIFRAR ESTE FAMOSO ACERTIJO ♥ SOBRE LA DIETA INDICADA... ☺

Comenzaremos por la parte más importante, cómo funciona nuestro sistema digestivo, nuestro ojo, nuestra piel, nuestros órganos respiratorios y excretores, convivimos o coexisten miles, miles y millones de **<u>ocupantes invisibles</u>** en un ecosistema macro y micro vida en el cual la convivencia es muy armónica.

Los seres humanos no podríamos vivir sin estos diminutos microorganismos.

Es realmente increíble la cantidad de microbios que tenemos en nuestro tracto intestinal, por ejemplo una persona adulta sana, tiene alrededor de 1,5 y 2kg de bacteria en el intestino, es un mundo microorganizado, en el cual ciertas especies controlan a otras.

En un organismo sano este mundo microbiano es muy adaptable y estable, a los cambios en su medio ambiente.

El tema es cuando tenemos la flora intestinal debilitada ¡estos pequeños microbios nos comienzan a jugar en contra!

Bueno como en el primer libro te hablo de lo que sucede en el organismo de un niño en el" mundo de David" cuando ingieren gluten y caseína y el efecto que les produce, quiero volverte a recordar para poder seguir.

Me acompañas a descifrar todo este misterio que existe en el mundo de David si la dieta funciona realmente, si es cierto que funciona solo para algunos niños, si realmente es cierto que solo algunos niños son alérgicos, todo eso vamos a ir viendo, y comenzarás a cambiar la manera de ver la vida, porque conocerás cómo funciona todo nuestro sistema digestintestinal.

Recuerda que la madre naturaleza nos dio un cuerpo sano y vital para que todo funcione a la perfección, el cuerpo humano tiene la habilidad autocurarse, cuando te lastima la piel se cicatriza y cura y es así es todos los aspectos, aquí vamos a dar un enfoque principalmente al "mundo de David y otros desafíos con respecto a la salud" que en fin ¡está todo relacionado!

Lo que sucede con niños en el mundo de David es que sus tracto digestivo y la absorción de alimento no está funcionando correctamente debido a varios factores; comenzaremos explicando, la importancia de la enzimas digestivas para que haya una buena digestión necesitamos de enzimas digestivas.

Para comprender mejor el tema, explicaremos de esta manera, la flora benéfica es tan importante y fundamental es energía y alimento, para las células de nuestro tracto digestivo, está comprobado que cuando la flora benéfica se ve afectada, se suele dañar más las paredes del tracto digestivo y comienzan los problemas para digerir y absorber los alimentos.

La estructura de nuestro intestino por donde absorbemos los alimentos tiene forma de vellosidades, que se llaman enterocitos, su función es completar la absorción de los nutrientes.

Entre las velocidades se alojan las llamadas criptas, de las profundidades de estas criptas nacen los enterocitos contantemente se van renovando, para después desplazarse muy despacio hasta la parte superior de las vellosidades, completar su trabajo de digestión y absorción, una vez que llegan a la parte superior se despedazan, y después se vuelven a regenerar, de esta forma funciona el epitelio intestinal.

Se hizo un experimento en animales, que al esterilizar por completo su intestino, la flora benéfica se elimina del epitelio intestinal, el proceso de renovar las células dejo de funcionar, este tarda más tiempo en desplazarse hacia arriba la parte superior de la vellosidades y va perjudicando la maduración de los enterocitos, esto fue lo que sucedió con el experimento de animales.

Entonces aprendimos de la importancia de la absorción de alimentos.

Estas células epiteliales llamadas enterocitos, su función es regenerarse constantemente, hacen un trabajo bastante difícil, y siempre tienen que estar en buenas condiciones para completar su trabajo que es la absorción de los nutrientes de los alimentos.

El tema es cuando estas vellosidades se ven deterioradas o desgastan son incapaces de digerir y absorber los alimentos de manera correcta esta es la manera de que haya una mala absorción deficiencia nutricional y la famosa intolerancia alimenticia.

La ciencia ha demostrado a través de experiencia científica y clínica que sin una flora intestinal saludable el sistema digestivo no puede completar su función de manera correcta, un excelente ejemplo es como vimos en mi primer libro *Los secretos de mi mundo*, lo que ocurre con la proteína de la leche "caseína" y la proteína del trigo "gluten".

> *"Cuando la alimentación es mala, la medicina no funciona, cuando la alimentación es buena, la medicina no es necesaria"*

Proverbio Ayurveda

¿Qué es la Caseomorfina y gluteomorfina?

Tenemos claro que la función principal de nuestro sistema digestivo es digerir y absorber alimentos, desde muchos años la experiencia científica y clínica ha estudiado y han demostrado que sin una flora intestinal benéfica y saludable el sistema digestivo, no puede trabajar de forma correcta, el claro ejemplo está en la proteína de la leche y el trigo, que se divide en dos etapas:

La primera comienza en el estómago, donde los jugos gástricos, que se producen en las paredes del estómago, las proteína de la leche y el trigo, las proteínas de la leche y el trigo se dividen en péptidos y forman una estructura casi igual a la morfina, que se llaman caseomorfina y gluteomorfina, es un proceso muy normal en el organismo, de las personas, nos sucede a todos.

Segunda Etapa: he aquí donde los péptidos pasan al intestino delgado, y entran en acción con los jugos pancreáticos, que después alcanzan a las paredes del intestino, estas enzimas llamadas peptidasas, se deshacen, en las microvellosisdades de los enterocitos, este proceso, de la última etapa no ocurre con las personas con una flora intestinal desequilibrada o débil a causa de las condiciones de estos enterocitos, las caseomorfinas o glutemorfinas son absorbidas por el torrente sanguíneo, sin ninguna transformación provocando problemas en todo el cuerpo, principalmente en las funciones cerebrales y en el estado inmunológico.

Muchos estudios realizado a a través de todos estos años han comprobado niveles muy alto de caseomorfina y gluteomorfina, en el sistema de los niño con el "Mundo de David" es el claro ejemplo que las paredes del intestino no están en un estado equilibrado para completar la correcta digestión, de ahí nace la importancia de reestablecer la flora intestinal, para que nuestros niños gocen de una buenas salud.

MUCHAS VECES ESCUCHO DECIR MI HIJO TIENE EL "MUNDO DE DAVID" PERO NO TIENE ALERGIAS

Déjame decirte desde lo más profundo de mi corazón, y todos los años de estudio y de experiencia que tiene mi madre con respecto a este tema y con todas las cantidad de libros, seminarios, médicos, científicos, que ella ha consultado, y que jamás se dio por vencida, los niños que tienen el "Mundo de David" sufren de un desequilibrio en la flora intestinal saludable, eso repercute en su sistema de digestión, provocando una mala absorción, deficiencia nutricional e intolerancia alimenticia, por ende si tiene intolerancia o alergias porque si no, no estaría en el "Mundo de David". Perdón que sea tan tajante con este tema, puede ser que te suene duro, pero sí, de corazón, quiero ayudarte tengo que contarte la verdad, y no existe la verdad más pura y honesta que esta, se hicieron varios estudios con respecto a este tema.

La digestión y absorción normal es casi imposible sin una flora equilibrada, su habilidad de digerir, proteínas, descomponer lípidos y fibras, fermentar carbohidratos.

Nuestro intestino no puede hacer la digestión correctamente de ciertos componentes, de algunos alimentos sin la ayudan de la bacteria benéfica.

Como ya sabemos los niños con el "mundo de David" se encuentran con la flor intestinal debilitada o dañada, es así como desarrollan deficiencia de vitaminas, es porque las vitaminas y minerales tienen una vida activa muy pero muy corta en el organismo.

Se demostró que al recuperar las bacterias benéficas del intestino es la mejor manera para corregir estas deficiencias.

Las personas o niños o personas con problemas digestivos entre otros tienen la flora dañada también normalmente tienen ciertos inquilino que les encanta el hierro tienen cierta preferencia por el hierro creciendo en su intestino. En este caso es una especie bacteria patógena E coli, lo que sucede es que este inquilino de alimenta del hierro que se encuentra en los alimentos, por eso el aspecto tanto del mío, como el de otro niños solemos tener aspecto pálidos y enfermizos, y cuando mi mamá me hizo el análisis de sangre apareció un alteración en mi análisis, típica de la anemia este es mi caso y el de muchos niños.

La deficiencia nutricional que ocurre cuando la flora intestinal está debilitada son los siguientes: calcio, magnesio, selenio, zinc, azufre, hierro, cobre, fósforo potasio, magnesio, azufre, , ácidos grasos, ácido pantoténico, omega 3, omega 6, omega 9, taurina, ácido alfa cetoglutarico, glutatión, Vitaminas, B1, B2, B3, B6, B12 vitamina A, C, D ácido fólico.

Imagínate la carencia de nutrientes que tenemos en nuestro organismo, los niños y adultos en el "mundo de David" son nutrientes súper mega importantes para el desarrollo y funcionamiento normal de nuestro cerebro, nuestro sistema inmune y el resto del organismo.

A medida que pasaba el tiempo mi mamá iba aprendiendo esto, se desesperaba por darme toda esa cantidad de vitaminas que nombro en mi primer libro **LOS SECRETOS DE MI MUNDO** lo que ella no sabía era que esas vitamina tenían una vida muy corta en mi organismo, lo bueno es que todo esto tiene solución, en este momento estamos viendo los **porqué** de donde nacen los **desafíos** del "Mundo de David" y después veremos cómo solucionarlo, te contaré todo lo que a mí me funcionó perfectamente.

Mis desafíos comenzaron a corta edad

Sabes, es tan curioso, recuerdo tener varios desafíos desde muy pequeño, me enfermaba constantemente, desde los 2 meses de vida comencé a engraparme horriblemente, a los 4 meses unas varicelas espantosas, a los 7 meses esa colitis de 24 días.

Nadie sabía qué ocurría en mi cuerpo, después vivía con contaste bronco espasmo, hasta que un día me llevaron al hospital por una neumonía, recuerdo perfectamente me recetaron 2 semanas completas de antibióticos, así era entre mi primer y segundo año de vida. Como ya les conté a los 11 meses comencé a alejarme de este mundo que después con el tiempo mi mamá lo llamó el "Mundo de David". Desde que le dieron mi diagnóstico, escrito en un papel, ella decidió guardarlo y no mirarlo por un largo tiempo, y te voy a ser lo más honesto del mundo: pasaron los años y ella rompió ese papel y dijo nada ni nadie en este mundo ni siquiera ella misma se atrevería a poner una etiqueta a su hijo. Recuerdo perfectamente desde ese día, ella comenzó a mirarme con ojos diferentes, con amor incondicional, nunca más lamentó el diagnóstico de el "Mundo de David" sino agradecer de que yo estuviera en su vida y comenzó a buscar, estudiar e investigar todo lo que ella pudiera. Por qué te cuento todo esto fíjate con todo lo que estuvimos viendo ahora, eran comprensibles todas esas enfermedades.

Un intestino que funciona correctamente, con una flora intestinal saludable, sostiene las raíces de nuestra salud y de la misma forma un árbol de raíces enfermas, no podrá prosperar, el resto del cuerpo tampoco podrá desarrollarse, si su sistema digestivo no funciona correctamente.

La población de bacterias del intestino, la flora intestinal, es la tierra que envuelve esas raíces, su habitad, su protección, su soporte y su alimento.

Natacha Mcbride

Quizás estés tan sorprendid@ como yo lo estuve en su momento, sé que es mucha información lo que siempre recomiendo es tener una agenda o cuaderno e ir anotando todo para que no te olvides de nada, y por más que tu mente quiera cerrarse o negar que todo esto es cierto, vamos a reforzar nuestro mantra que lo cree especialmente para nosotros que tenemos desafíos **"GRANDES"** en la vida y lo convertimos en **"BENDICIÓN"** espero que te guste aquí vamos.

Especialmente para ti ♥

Si estás pasando por algún desafío grande en tu vida,
¿sabes por qué?

Porque eres grandiosa/o, dios o el universo sabe que
puede contar contigo

porque eres fuerte y dejarás una diferencia en esta
tierra para las personas que vendrán.

Si eras una persona ordinaria y débil jamás hubiera
tenido un desafío

EXTRA –ORDINARIO

Porque eres una madre, padre, hijo, hermano
desafiad@ que convierten desafíos en bendición.

Tu mayor regalo es la fortaleza única e irreemplazable
que llevas dentro.

Con una sonrisa ☺ en el corazón ♥ siempre verás brillar
el sol ☼

Bueno sigamos con la historia, imagínate en esos primeros 2 años de vida como estaba mi sistema inmunológico, estaba por el piso, vivía contantemente enfermo, era obvio y evidente que las cosas no iban a mejorar, entonces echémosle un vistazo como está el sistema inmunológico lo de niños con "el Mundo de David".

Según varios estudios estos últimos años, dicen que cuando examinan el estado inmunológico de los niños del "mundo de David", encuentran deficiencia en varias inmunoglobulinas, al mismo tiempo una incrementación en otras. O sea existe un incremento desproporcionado, existe deficiencia en varias células, enzimas, y también otras partes del sistema inmune.

Ya no es una noticia que el sistema inmune se encuentre en desequilibrio, lo que sí es asustador que comienzan a producir anticuerpos que atacan su propio tejido, inclusive el cerebro y el resto del sistema nervioso.

A estas alturas estamos súper familiarizados con todo este tema, entonces me imagino que estarás pensando que la flora intestinal también ¿tiene algo que ver con este tema del sistema inmune, no? Tengo que decirte que lo pensaste bien estás en lo cierto, la superficie del epitelio intestinales sistema digestivo, está poblada por un gran número de inquilino bacteria, que podemos definir como la verdadera cuna del sistema inmune, tanto el sistémico como el mucoso.

Nuestra bacteria benéfica está estrechamente relacionada en nuestro sistema digestivo y al mismo tiempo este está relacionado con un miembro muy importante del sistema inmune el tejido linfoide que tiene una participación especial en la producción de linfocitos o inmunoglobulina, entonces una pared sana estará tapada de linfocito siempre para proteger el cuerpo antes cualquier malvado inquilino que quiera venir y ocupar un lugar que no le corresponde.

Varias investigaciones científicas demostraron que cuando los niños del "mundo de David" o algún adulto con la flora benéfica debilitada o dañada, tienen muchísimos menos linfocitos, en la pared intestina.

Es increíblemente sorprendente cómo actúa nuestro cuerpo humano, los linfocitos producen inmunoglobulina, en las paredes del intestino, la inmunoglobulina más importante, es la IgA secretora es producida por los linfocitos en toda absolutamente toda las membranas mucosa el organismo, y se encuentran a través de los fluidos corporales de nuestro organismo.

Por ejemplo están en las vías respiratorias, la nariz, la garganta, las lágrimas, la vejiga, la saliva, la uretra, la vagina, el sudor, el calostro, la leche materna y también en nuestro sistema digestivo, su trabajo es cuidar las membranas mucosas, destruyendo o impidiendo a cualquier hongo, bacteria, parásito, virus que quieran invadir nuestro organismo.

Está más que claro a esta altura que con los niños del "mundo de David" esta IgA tenga carencia de esta inmunoglobulina, ya que su flora se encuentra en desequilibrio; esta significa que la pared intestinal tiene una baja capacidad para protegerse, así misma de los hongos, bacteria, virus, parásitos, del virus de las vacunas, la contaminación ambiental entre otras cosas.

Me parece súper lindo cómo vamos atando cabos, ahora que comprendes mucho mejor cómo funciona el "mundo de David" quiero comenzar a hablarte de la importancia de la alimentación, para mí fue fundamental la buena alimentación, entonces para esto tendrás que mantenerte con la mente bien abierta, para que puedas captar y aceptar cada detalle, para saber que lo primero es lo primero. Pongámonos en acción: matar patógenos, de manera que cortemos todos los carbohidratos, azúcares, lácteos, gluten y dejar de alimentarlos, equilibrar la flora benéfica ayudándole con más bacterias Benfica, ayudemos a través de la alimentación a regenerar las paredes del intestino.

La importancia de una buena alimentación ☺

¿Recuerdas que te mencionaba lo de una buena alimentación? Es muy importante mantener una dieta equilibrada, en la páginas de mi primer libro, te contaba que para mí fue un antes y un después en mi vida, y superé varios desafíos gracias a esa maravillosa dieta, siempre digo lo mismo "MÁS QUE DIETA ES UN MARAVILLOSOS ESTILO DE VIDA" O "DMD " DIETA DEL "MUNDO DE DAVID" mi mamá siempre me recuerda que me alimento como un súper deportista la mayoría de las personas que hacen deporte cuidan bastante su alimentación, muchas personas famosas también lo hacen, la mayoría de personas exitosa dedican tiempo y prestan atención a su manera de alimentarse, ¡y también rutinas diarias!

La famosa dieta libre de gluten y caseína no es suficiente♥

El motivo por el cual famosa dieta libre de gluten y caseína no es suficiente para niños con el "mundo de David" es porque eso sería el inicio de este camino, porque en realidad recuerden para tener mayores resultados es importante NO solos cortar la caseína y el gluten, sino también todos los carbohidratos específicos, sus siglas en ingles es SCD todo los tubérculo, las papas, boniato o papa dulces, arroz, fideos, pasta libre de gluten, todas las verduras que contengan almidón, porque estos alimentos después se convierten en un alimento preferido de nuestros inquilinos patógenos, ¿lo recuerdas? Lo nombramos algo en mi primer libro, bueno a continuación te contare la historia, de cómo surgió esta dieta SCD "dieta de carbohidratos específicos" y cómo encasillaron a la dieta libre de gluten y caseína como la mejor dieta para el "mundo de David".

Los milagros también existen

Resulta que el prestigioso pediatra estadounidense Sídney Valentine Haas, se dedicó varios años de su carrera a investigar, sobre los efectos que tenía la alimentación con respecto a la enfermedad celiaca y en otros trastornos digestivos también, los doctores John Howland, Christian Herter, L. Emmett Holt llegaron a la conclusión que sus pacientes con trastornos digestivos, aceptar muy bien las proteínas, las grasas, sin embargo, todos los carbohidratos, cereales y verduras que tenían almidón les caía muy mal, con ese tipo de alimentación, todo sus pacientes emporaban, también se dieron cuenta de que debían sacar los azúcares, lácteos, y otros disacáridos, lo reemplazaron por lagunas frutas y verduras que los pacientes lograban un gran avance al consumirla.

El Dr. Hass atendió a más de 600 pacientes durante un año y obtuvo resultados maravillosos, estos pacientes se recuperaron totalmente.

En 1951 se hizo público el resultado de esta investigación, donde dejaron expuesto un manual completo de medicina donde los autores son el DR. Sídney Haas y Merril P. Haas.

La comunidad de medicina aceptó el libro como la cura para la enfermedad celiaca, y el Dr. Hass recibió honores por su excelente y maravilloso trabajo.

Durante esa época todavía no tenían muy claro el tema de la celiaquía, igualmente lo trataban con SCD, lo que ocurrió fue que en la próxima década se relacionó la intolerancia al gluten con la celiaquía, y un gran número de otras enfermedades de esta manera, es que tomó protagonismo la famosa "dieta libre de gluten".

Hicieron tanta polémica por esta dieta libre de gluten que el SCD quedó prácticamente en el olvido.

En el año 1958 una madre llamada Elena Gottschall, fue a consultar con el Dr. Hass buscando ayuda para su hija que padecía colitis ulcerosa severa y problemas neurológicos, Elena llevó a cabo la dieta que le recomendó el Dr. Hass teniendo resultados magníficos con su niña, después de 2 años de tratamiento.

Después de tener tanto éxito y sentirse tan feliz y agradecida, Elena decidió dedicar años investigando los orígenes de las bases biológica y química de la dieta, ella ayudo a miles y miles de niños y adultos con diferentes problemas intestinal síndrome de Crohn, colitis ulcerosa, diverticulitis, hiperactividad, el "mundo de David".

Después de ayudar a miles de personas y dedicar muchísimo tiempo a la investigación así fue como este ejemplo de madre, volvió a sacar a la luz todo lo aprendido con el Dr. Has y escribió unos de los mejores libros que existe para la salud intestinal ***Romper el círculo vicioso*** de Elena Gottschall.

> "Las raíces de un hermoso árbol de manzana, están invisibles, escondidas, profundamente tapadas con tierras, desempeñan un papel fundamental en el bienestar de sus ramas de cada hoja de cada brote, de cada manzana, sin importar lo alta y lejano que se encuentren.
>
> Lo mismo sucede con nuestra flora intestinal es la raíz de nuestro organismo que llega con la mayor importancia a cada rincón de nuestro cuerpo"

Claudia Elizabeth Garcete

Quiero dedicar un espacio a la importancia de la contaminación cruzada y qué significa, porque yo vi un cambio más grande en mi desafío cuando en mi casa se dejó de comer gluten.

Cuando mi mamá tomó la decisión de cortar totalmente el gluten y todos los productos relacionados a ello, es muy muy importante, a continuación te explico el motivo y el porqué.

¿Qué es la contaminación cruzada?

Cuando eres alérgico al gluten la vida sin gluten es realmente una obligación no una opción, la contaminación cruzada con gluten se puede producir de una manera muy sencilla, simple y menos esperada, es porque la contaminación se da con el mínimo contacto de un producto "sin gluten con un producto con gluten".

Por ejemplo si usas un cuchillo para cortar un pedazo de pan con gluten y después utilizas el mismo cuchillo para cortar tomates para hacer una ensalada, esa ensalada ya está contaminada, o si caen una migas de pan en un plato sin gluten, la mínima miga ya contamina esa comida que era libre de gluten, otra manera también es cuando horneamos dos comida en el horno, una con gluten y otra sin, eso llamamos "contaminación cruzada". Lo ideal es que cuando hay alguien celiaco en la familia que todos lleven una vida sin gluten, para evitar la contaminación cruzada, la personas que tienen intolerancia al gluten sufren de celiaquía, la celiaquía es una enfermedad autoinmune, es una afección causada por el daño al intestino delgado, se origina por la intolerancia al gluten, en realidad no existen ni hay un grado de celiaquía, cada persona es única y su organismo reacciona diferente, porque algunas veces he escuchado decir soy celiaca, pero no hago una dieta estricta, eso no tiene nada que ver, ¡porque el intestino siempre sufre el mismo daño!

Es para que tengas en cuenta si eres celiaco o tal vez conoces a alguien le puedes recomendar mucho cuidado con la contaminación cruzada.

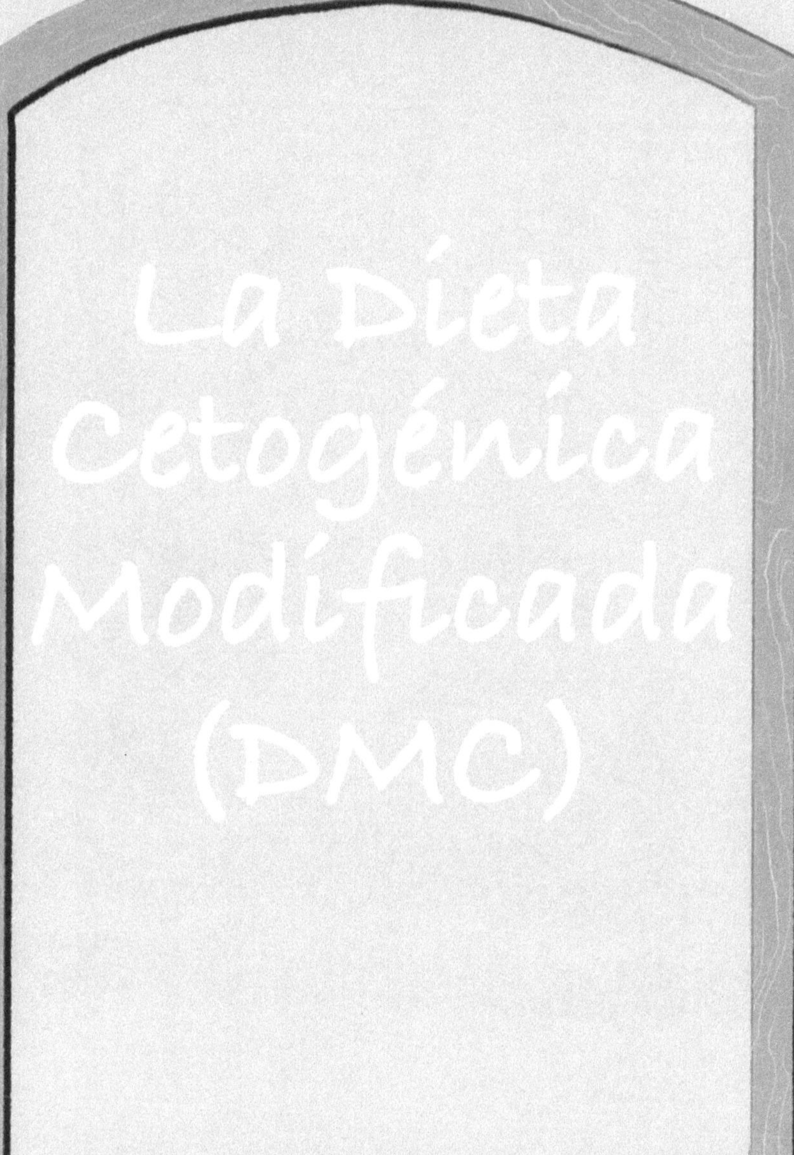

La Dieta
Cetogénica
Modificada
(DMC)

Esta es la dieta que ha cambiado la vida de muchos niños, incluyendo la mía, la Dra. Kerry Rivera para mí es una gran persona y excelente profesional.

La dieta está ordenada de la manera de mayor importancia, para mí particularmente esta dieta es una maravilla, "porque desde que comencé esta "dieta modificada cetogénica" veo día a día avances sorprendentes, es excelente, también le sumamos, la dieta GAPS (alimentos fermentados) y ahora después de muchos años sigo con *"UN ESTILO MARAVILLOSAMENTE SANO O LA DIETA DDMD (DIETA DEL "MUNDO DE DAVID")* esta dieta la llevo hace varios años y la verdad no paso hambre, lo más importante es estar feliz, te puedo demostrar que, no es ni un esfuerzo hacer esta dieta, porque mi mamá me cocina varias opciones, se pueden hacer tortas, *muffins*, pasteles de verduras, milanesas, diferentes sopas, de todo un poco dulces salados, helados, ¡todo lo que te imagines!

Famosa Dieta Cetogénica

En esta parte del libro vamos a hablar un poquito de la dieta cetogénica, para que puedan elegir a la hora de llevar una dieta, ¡y puedas ver lo que mejor va con tu hijo!

Bueno verán las mayorías de las dietas llevan algo en común: hablan de la importancia de las grasas buenas, ya sean de animales, de aguacate de oliva, de coco ghee, aceite de almendra, aceite de semilla negra, aceite de aguacate.

- ♥ Proteínas de animales, todo tipo de carne animal, le puedes dar tocino que sea libre de químicos y libre de preservativos, puedes usar de snack cáscara de tocino como chicharrones en vez de patatas fritas, las patatas fritas no pueden consumir.

- ♥ Vegetales, absolutamente todos los vegetales y hortalizas **<u>no puedes consumir</u>** papas, maíz ni yuca si le podemos dar <u>solo</u> un poco de zanahoria y remolachas, hay que tener cuidado con estas porque tienen, azúcar.

- ♥ Maní y semillas; se pueden hacer harinas, bocadillos, mantequillas, y leches, también podemos hacer pasteles, *muffins*, pan, galletas, con harinas de varias semillas y pan con nueces Por ejemplo las nueces de macadamia son la mejores ricas en grasa y bajas en carbohidratos, una vez que incorporas a la dieta estas grasas semillas y nueces vas ir viendo varios avances y tu hijo estará feliz, va estar saciado, no va buscar constantemente comida.

A veces nuestras mamás se complican un poquito, con el tema de la dieta porque piensan que nosotros, no vamos a poder subsistir sin, arroz, pasta, frutas o granos, pero por ejemplo los esquimales y los inuit viven a base de grasas y carnes, como viven en un clima de mucho frío, en un clima helado, ellos jamás comen ensaladas o frutas, tampoco granos arroz o cualquier tipo de grano.

A principios de los años 90 fueron estudiados y se los encontró muy saludables, no eran gordos ni delgados, con un peso corporal óptimo, y una excelente masa corporal.

Este ejemplo es para que tengamos idea que es un estilo de vida saludable la *dieta cetogénica modificada (DCM)* está lejos de la dieta de la dieta **cetogénica completa.**

Lo más importante es que la dieta DCM es la base del tratamiento hay que seguirla al pie de la letra para que sea efectiva y ver los resultados rápido, por ejemplo los aceites que te nombré anteriormente el MCT, aceite de coco, y el aceite de semilla negras, son antinflamatorios ¡y excelentes para matar patógeno!

Una dieta cetogénica modificada DCM es completamente fácil, solo necesitas saber cuántas calorías necesarias necesita tu hijo diariamente, de acuerdo a la edad.

A continuación te presentaré una tabla donde puedas calcular la cantidad de calorías dependiendo la edad de tu hijo o adulto.

2 años de edad	1.000
2 a 5 años de edad	1.400
6 a 8 años de edad	1.600
9 a 10 años de edad	1.800
11 años de edad	2.000
12 a 13 años de edad	2.200
14 años de edad	2.400
15 años de edad	2.600
De 16 a 25 años de edad	2.800
De 26 a 45 años de edad	2.600
De 46 a 50 años de edad	2.400

Ella comenta lo siguiente:

La dieta más utilizada en los últimos cien años es la dieta cetogénica, se utiliza para controlar y curar desórdenes compulsivos y epilepsia.

Estoy usando esta dieta porque, el cuerpo se sana y funciona mejor, cuando está en cetosis, que no se confunda **cetosis con cetoacidosis,** la cetoacidosis no es buena.

Cetosis es cuando el cuerpo quema la grasa como su primera fuente de combustible, la cetosis es buena, cuando se quema cetonas es el método más limpio, para proveer al organismo del combustible.

La dieta cetogénica es 70-80 % de grasa 20 % de proteínas y 5 % de semillas y nueces, es una dieta bastante difícil de manejar, ya que es considerado un 70 % de grasa y continua de esta manera.

Necesitamos eliminar la fuente de alimentos de los patógenos, por ej. Todos los alimentos de carbohidratos específicos ¡y las verduras que contengan almidón!

Los patógenos no sobreviven a las grasas, como el aceite de coco, aceite de aguacate, MCT oíl, aceite de oliva, ghee (libre de caseínas) aceite de almendras, aceite de semillas negras, todas estas grasas son para sanar el cerebro y el intestino, y hacen que los patógenos mueran de hambre.

Lo que necesitamos hacer es tomar 50% de las calorías de esa personas y dar esa cantidad de calorías en grasa cada día, de esta manera, las personas que hacen una dieta cetogénica con sobrepeso, pierden peso y la personas que están bajo peso o mal nutridas tienden a ganar pesos y estar saludable, no te preocupes si te pasas la cantidad de caloría de acuerdo al peso, no pasa nada, lo que si tienes que tener en cuenta es que tu hijo esté ingiriendo 50% de grasa cada día, esa parte sí necesitamos medirla, no cuenta la cantidad de aceite que uses para cocinar, porque la mayoría de ese aceite o grasa queda en la olla o sartén, depende lo que estés usando.

Los aceites y la grasa los colocas una vez que la comida esté en el plato, es buena forma de asegurarnos que están recibiendo la cantidad que necesitan.

El mejor aceite para cocinar es el aceite de coco y ghee (libre de caseína) tienes que mirar la etiqueta porque si no dice en la etiqueta entonces tiene caseína.

Por ej. Sabemos que una cuchara de MCT tiene130 calorías y sabes que un niños de 4 años necesitan 1400 calorías y que el 50%de eso son (700 calorías) deben ser en grasa.

Al principio sé que es un poco complicada la dieta, el primer paso es eliminar toda la caseína y el gluten eso sería fundamental, no lo dudes, hazlo, ¡pronto verás hermosos milagros en la vida de tu hijo!

> El arte de curar viene de la naturaleza, no del médico.

Paracelso

Buenos ahora sí llegó el momento de presentarte la última dieta que ha mejorado mi vida increíblemente ♥

El estilo maravillosamente sano o la dieta DDMD (DIETA DEL "MUNDO DE DAVID").

Un poquito antes de contarte en qué se basa esta dieta quiero darte un pequeño consejo, espero que puedas percibirlo y entenderlo como lo entiendo yo.

Esta parte puede ser que te parezca muy fuerte lo que voy a decir, y espero que lo tomes de la mejor manera te lo digo con mucho cariño, espero que sepas que estas palabras que estoy usando son para animarte, empoderarte.

Para lograr que se cumplan tus sueños, metas, objetivos con tu hij@, ES FUNDAMENTAL TENER MUCHA FE EN LA DIETA compromiso total con la dieta, para mi particularmente es un estilo de vida, lo cual adopté y acepté porque primero vi cómo mi mamá se esforzaba para cocinar para poder darme lo mejor, y la otra es porque desde la primer comida libre de gluten y caseína me empecé a sentir muchísimo mejor, por eso antes de rechazarlo, compruébalo tú misma. Si tienes dudas hazlo tú primer@.

Siempre vamos a tener obstáculos en nuestras vidas, cuando queramos comenzar algo nuevo, ya sea un estilo de vida nuevo, un tratamiento o cualquier actividad nueva que queramos hacer, una dieta estricta depende pura y exclusivamente de nosotros mismos como lo vamos manejando.

Muchas veces mi mamá escucha a otras madres decir que la dieta "no funciona"; en realidad la dieta no falla, fallan la personas "porque creen si un día o raras veces dan gluten o caseína no pasa nada y en realidad, la dieta debe hacerse estricta, porque lleva meses hasta el año que el gluten salga completamente del cuerpo de tu niño.

Bueno ahora sí estamos listos para empezar.

¿vamos con esta famosa dieta que está revolucionando el mundo, mi mundo y el mundo de todos los pequeños mundito del planeta tierra? ☺

Un estilo maravillosamente sano o DDMD (Dieta Del "Mundo de David")

Nuestras dieta o más que dieta a mi mamá le gusta decir estilo de vida, consiste en varias etapas, de todas las dietas que fuimos probando e investigando yo te doy lo mejor, todas las otras son muy buenas, pero esta es la que a mí me ha funcionado perfectamente, la DDMD es increíble, como en pocas semanas podrás experimentar cambios drásticos en la vida de tu hijo con tan solo ¡modificando su alimentación!

Primero te haré un resumen, esta es una dieta cien por ciento orgánica, para que tengamos mayor beneficios, consiste en un jugos détox para limpiar y sacar todos los residuos y desechos, mejorará las funciones orgánicas, y le proporcionará una gran cantidad de energía y vitamina a tus mañanas, después nuestra dieta es alta en grasa de la buena, verduras, hortalizas, proteínas, huevos, alimentos fermentados, para ayudar a las floras benéficas, y también nuestro sistema inmunológico, variedades de sopas caseras, para reparar el intestino, agua de mar para sellar el intestino, y por último varias recetas para nutrir con alimentos caseros, hechos en casa. Todos los productos que usemos tengo que recalcarlo ¡es importante que sean orgánicos!

A continuación te explicaré cómo es el tema de los jugos y cuál es su importancia, pero antes tengo que decirte lo que SÍ está permitido y lo que NO está permitido en este estilo de vida o dieta DDMD, para que puedas sacar el mayor beneficio en corto tiempo y puedas ver la sonrisa en tu niño después de tantos años, ¡o que logre dormir y descansar todas las noches después de pasar miles de noches en velas!

En esta dieta no está permitido o aceptado consumir carbohidratos, ni verduras altas en almidón, nada que venga en paquete, excepto los frutos secos, si vienen con sus cáscara mejor. Los primeros días de dieta recomendó comprar verduras de algún mercadito orgánico y carnes de alguna carnicería de confianza donde le vendan carnes de calidad, y si consigues carne orgánica mejor aún, pollo bio, todo lo más sano posible. Esta dieta es muy buena y funciona, pero también te exige bastante y es importante llevarlo a cabo paso a paso, si lo hacemos estrictamente ¡es ahí donde funciona!

En esta dieta tomaremos en cuenta desde la sal hasta las pequeñas cosas como con que endulzas los alimentos de tu hijo, todo lo natural cuanto más natural y casero cocinemos los alimentos mayores valor nutricional tendrá.

Por ej. en nuestras dieta no existe lugar para los aditivos, conservantes, colorantes, salsas, comparadas, azúcares, lácteos, enlatados, nada que haya estado por un tiempo en conserva, nada de eso, vivimos con los productos más frescos y orgánicos posibles, tampoco nada de té, café, chocolates, nada de eso, vamos a aprender a hacer nuestra propia leche vegetal, entonces a continuación te daré la buena nueva, lo que sí está permitido, y te encantará, porque es la mejor manera de alimentarse para llevar una vida equilibrada, un intestino sano y un corazón contento.

Todos tenemos un o unos ángeles que nos cuidan

Bueno te contaré una pequeña historia, desde que llegué a España, mi vida aquí ha sido maravillosamente mágica, mi mamá siempre me decía que todo tenemos ángeles cuidándonos constantemente, y que muchas veces esos ángeles no los podemos ver, en cambio a veces esos bellos ángeles se manifiestan a través de personas. En mis libros irás encontrando muchos ángeles que conocí y te los iré presentando a medida que vayamos avanzando. Los sábados a la mañana normalmente acostumbro acompañar a mi madre al súper, ella me deja elegir las cosas que más me gustan claro como los que están en mi dieta (frutos secos, cualquiera de ellos o también alguna fruta como la pera que me encanta, ella lo hace al horno). Uno de esos sábado fuimos al nuevo súper recién nos habíamos mudado en la zona de Tomares, éramos nuevos para variar, (risas) ese sábado fue un sábado especial el clima estaba hermoso, el aire se sentía limpio, el día anterior había caído bastante lluvia, salimos caminamos un poco, y mientras que voy muy contento eligiendo los frutos secos, mi mamá se adelantó y me dice David te veo en la carnicería.

Entonces ella se adelantó un poco más y cuando llego la veo hablando con un sr. muy sonriente, con una alegría hacia su trabajo, sacaba los cortes de carnes y lo hacía con tanta pasión que no lo podía creer, me acerco a mi mamá él me recibe me dice: hola campeón, con un acento adorable de Andalucía. No dije nada solo lo miraba, y mi mamá siempre presentándome como el mejor, el más lindo, el más inteligente, ya saben cómo son las madres ☺

Así fue como conocí a Loren y Tiny, dos seres humanos increíbles que hacen su trabajo con mucho cariño, trabajan en la carnicería de una cadena de supermercado, apena llegas y puedes notar con la energía, la pasión siempre una sonrisa en la cara.

Mi mamá ya iba por la mitad de su listado, grasa de cerdo ibérico, carne de ternera, osobuco y huesos para la sopa, pollo orgánico, pato, hígado, muslo de pavo etc.

Por qué te los presento como mis ángeles, porque desde el día 1 que me conocieron, ayudaron a mi mamá con la dieta, colaboran en todo lo que pueden y si no tienen lo piden desde que estoy viviendo en España, estoy teniendo un estilo de vida maravillosamente sano o DDMD lo estoy haciendo muy estricto, y es así como encontramos personas maravillosas en este mundo, ahora sé que cuando llega el sábado voy a ver a mis amigos, Loren y Tiny, el universo los puso en mi camino para que mi recuperación sea cada vez más rápida ya que las proteínas son fundamentales en esta dieta, ahora sí...

Comencemos por las proteínas...

Proteínas:

Carnes de vacas, de cordero, cerdo, pato, conejo, pollo, pato, pavo, ganso, mariscos, pescado de mar que sea de un kilo, o menos (por el tema de la contaminación con metales pesado).

Echémosle un vistazo a la importancia que tiene la proteína en nuestra dieta, resulta que siempre mi mamá escuchaba muchas cosas negativas en contra de la carne que por un corto tiempo fuimos veganos, para mí fue bastante difícil ya que sí me encanta la carne y especialmente si esa carne trae un poquito de grasa mejor todavía, la carne y el pescado son alimentos muy nutritivos y con un porcentaje alto de vitaminas, aminoácidos, grasa nutritivas, todos estos nutrientes se encuentra en la carnes y es la mejor forma que el cuerpo humano lo digiere.

- ♥ La carne de cerdo, el hígado, el corazón y los riñones tienen vitamina B1

- ♥ Las carnes, los huevos, la leche, las aves y el pescado tienen vitamina B2 (riboflavina)

- ♥ La carne y las aves contiene vitamina B3 (niacina)

- ♥ La carne y el hígado contiene vitamina B5 (ácido pantoténico)

- ♥ La carne, las aves, el pescado y los huevos tienen vitamina B6 (piridoxina)

- ♥ El hígado y la yema de huevo contiene **BIOTINA**

- ♥ El hígado, el pescado, la yema de huevo y la mantequilla contiene vitamina A, estamos hablando de vitamina A real, muchas personas obtienen esa vitamina gracias a los carotenoides como futas y verduras como por ej. La zanahoria, y también se pueden obtener a través de la grasas de origen animal. En caso de los niños del "mundo de David", no pueden convertir los carotenos en vitamina A es mejor consumirlo a través de grasas de animal, ya que la falta de vitamina A puede provocar, trastorno de aprendizaje y desarrollo, problemas de la vista, y así también puede alterar nuestro sistema inmunológico.

♥ Los aceites de pescados, los huevos y pescados contienen vitamina D.

El hígado, por ejemplo las verduras y hortalizas de hojas verdes contienen ácido fólico aunque a nuestro organismo le resulte más difícil, nuestro aparato digestivo le resulta más fácil extraer los beneficios nutricionales de la proteína animal.

El ácido fólico es fundamental para las mujeres embarazadas para prevenir defectos en el tubo neuronal del bebé y también es recomendable comer hígado en forma regular durante el embarazo.

Las grasas de animales y la yema de huevo contienen vitamina K2 (mequinona), esta vitamina es súper importante para metabolices el calcio, con la falta de esta de vitamina hace que sea más difícil llegar el calcio a los dientes y huesos, y que se deposite en el tejido blando y provoque inflamación.

Aparte de los alimentos ricos en grasas, nuestra flora intestinal es una fuente de vitaminas, las bacterias probióticas producen y liberan vitamina k2.

Por ej. los alimentos fermentados están llenas de vitaminas k2 se realiza mientras va fermentando.

Pescado y carne son los únicos que no contienen vitamina c, y k1 (filoquinona) la mejor manera de consumir vitamina k y c es por verduras y frutas, por ej. la combinación del pescado verduras, carnes y verduras es ideal para la digestión en cambio NO es recomendable consumir frutas cuando se consume carne, (como ej. frutas de postres) ya que interfiere en la digestión, únicamente la fruta se puede comer con carnes es el aguacate.

Otro motivo muy importante por el cual comer carnes con verduras recuerda que para lograr una alimentación equilibrada es recomendable comer carne (ácido) y las verduras (alcalino) las verduras crudas es más alcalinas, es importante mantener nuestro organismo con el pH equilibrado ni muy alcalino muy ácido. La mayoría de los niños con el "mundo de David" tienen problemas de ánima, es muy recomendable que consuman carnes, de ternera de cordero, no únicamente hígado que aporta hierro sino también carnes.

Aparte varias investigaciones que se hicieron en los países que se consume más carne, ¡las personas presentaron menor deficiencia de hierro!

El rey de las proteínas para mí es
EL HÍGADO:

El hígado es uno de mis proteínas preferidas, realmente considero que es el alimento más nutritivo dentro de la nutrición, y valga la redundancia, creo que todas personas deberíamos consumir cierta cantidad de hígado una vez a la semana, es un remedio mágico y curativo para una persona que está sufriendo de anemia, también al hígado se considera tan bueno que dicen que no hay suplemento nutricional en el mundo que pueda competir con el hígado.

Es de suma importancia que los "niños del mundo de David" consuman hígado con regularidad, como ya nombramos es bastante completo, se pueden incluir en sus alimentos 2 cucharas de hígado cocido cada 2 días, o también si el niño acepta bien un plato entero de hígado en la semana, también se puede de esta manera.

Recuerda que es muy importante, comprar carnes y pescados frescos o congelados, pero no procesados, ya que normalmente cuando vienen así traen muchos glutamatos potenciador de sabores (colorantes conservantes, azúcares, almidón o lácteo,) también si tiene una letra que comienza con E o número u otro código que no se pueda ni leer por favor no compres ese tipo de producto para tu hijo, como te estaba contando todo tiene que ser, natural, ¡para que podamos recuperar esas bacterias benéficas cuanto antes!

Los maravillosos y curativos caldos de huesos, pollo y pescados son imprescindibles tienen un gran valor nutricional, son remedios digestivos para nuestro organismo, al cocinar estos caldos todas las vitaminas y minerales quedan el agua o gelatina, entonces podemos hacer una olla grande que nos dure varios días e ir usando esos caldos para cocinar sopas o guisar, cuando hacemos estos caldos de uso olvídate de utilizar los calditos de verduras, u otro tipos de sazonadores sintéticos ¡ver en la página del recetario!

Cuando guisamos la carne es más fácil de digerir para los niños del "mundo de David", y también para la personas que tengan problemas "digestintestinal" apúntate esta parte, y tenlo bien presente, la carne que come tu niño siempre debe tener grasa, y colágeno que lo conseguirás con un buen corte de carne, las carnes no la utilizamos porque ya sabemos que es más difícil de digerir.

Y cuando cocinamos pescado, pollo, pato, ganso, incluir la piel y la grasa y como sabes todos tienen que ser de buena calidad y en lo posible orgánico o bio y el pescado no te olvides de sacar las escamas, el resto incluir todo, cabeza, ojo, cola ¡todo!

¡Aquí abajo te dejo una tablita para que tengas en cuenta todas las proteínas que se pueden consumir!

PROTEÍNAS

CARNE DE TERNERA
POLLO
PAVO
GANZO
PAVO
CONEJO
CERDO
CORDERO
HÍGADO
PESCADO DESDE 1KG O MENOS
FRUTOS DEL MAR

Buenos ahora pasemos a los vegetales veamos…

Vegetales:

Me imagino que habrás escuchado un centenar de veces lo beneficios de la verduras, para mí son fundamentales, y siempre siempre a favor de las verduras, vegetales, hortalizas, ecológicas u orgánicas, ya que recuerda que los niños con el "Mundo de David" somos muy sensibles al pesticida y estamos tratando de sacar los metales pesados de su cuerpo, entonces en este punto vale recalcar que es fundamental que sea orgánico y si no consigues orgánico puedes dejar 15 minutitos los vegetales con agua y vinagre y después lo enjuagas, de esta manera se sacan todos los residuos, ¡de pesticida u otros contaminantes!

Las verduras hechas al vapor son muy nutritivas y fáciles de digerir, son bastantes suaves para el revestimiento del intestino, es primordial consumir grandes cantidades de verduras diarias (únicamente las que no tienen almidón) también se pueden saltear, guisar, hervir, solo que de esta manera pierden más nutrientes que quedan en el agua para aprovechar más sus nutrientes puedes hacerlo al vapor, los brócolis, coliflor, zanahoria, espárragos y alcachofas.

Es importante también consumirlas crudas, para aportar enzimas activas que ayudan a digerir la comida, como por ej. las hojas verdes, como espinacas, lechugas, kale o col rizada también pepinos, tomate, apio, se pueden cortar en bastoncito y acompañar con guacamole, paté de hígado, escabeche de berenjena.

Las verduras y hortalizas son primordiales en esta dieta, como ya sabes bien ¡comenzamos el día con jugo de zumos verdes!

Recuerda que no está permitido ni un tubérculo (papa yuca, boniato, ñame, nada que contenga almidón). Como te mencionaba antes todo lo que contenga almidón son la comida favorita de nuestros inquilinos, ¡esos patógenos que constantemente nos están dejando sin vitaminas!

Es importante seguir paso a paso, ¡así podremos lograr resultados sorprendentes en corto tiempo!

Aquí abajo te dejo una tablita de todas verduras que podrás consumir.

Vegetales

Brócolis	Achicoria
Coliflor	Apio
Berenjena	Cebolleta/cebollín
Espárragos	Pimienta Cayena
Repollo	Col de Bruselas
Lechugas	Pepino
Acelgas	Rabano
Espinaca	Puerro
Endivias	Col China
Zanahorias (poca cantidad)	Col rizada
Agucate (todo lo que quiera)	Remolacha (poca cantidad)
Berro	
Pimentón (verde, rojo, amarillo)	
Tomate	
Ajo	
Cebolla	
Calabacín	
Chayote	
acedera	

Ahora se viene lo más importante y realmente muy interesante… las grasas y los aceites.

Toma nota y que no se olvide esta es la parte fundamental de la dieta.

Únicas Y Maravillosas grasas y aceites que realmente son una bendición, nos regala la madre naturaleza

Recuerdo desde que vivía en México, mi familia los domingos hacían un asadito Argentino, y yo amaba las grasa que se va dorando mientas la carne se va haciendo, siempre digo la naturaleza es sabia, como mi cuerpo necesitaba esa grasa, esta parte es súper interesante, muchas personas no lo saben, pero la grasa animal proporcionan todos los nutrientes necesarios para reparar el tracto intestinal, el sistema inmunológico y también el sistema nervioso.

Nuestro cerebro humano, nuestra súper máquina, está formado por un 60% de grasa (peso en seco) cada membrana cada célula, cada orgánulo en el interior de las células están compuestas de grasas.

Las grasas son fundamentales para nuestra dieta, los neurotransmisores, las hormonas están formadas por grasas, ¡los niños y adultos del "mundo de David" necesitan estas grasas a diario en su dieta!

Por ej. las grasas naturales que encontramos en el cordero, cerdo, aves, carne de vaca son excelentes para los niños del "mundo de David", y tienen la necesidad de consumir en grandes cantidades, lo bueno es que cuanta más grasa animal fresca consuma, más rápido irán restaurando su intestino y su recuperación será más rápida también.

Dentro de todas las grasas, que existen las grasas animales es la mejor de todas, para cocinar, porque al calentarlas, no cambian su estructura química.

Lamentablemente los aceites que encontramos en los mercados, los aceites de cocina o aceites vegetales, contienen grasas trans y no deben ser consumida, con este tema voy a ser más exigente, no se puede consumir ni un aceite de mercado, únicamente el de oliva extra virgen prensado en frío o aceite de coco no hidrogenado.

Otros aceite muy recomendable que se pueden utilizar pero en platos fríos en el aceite de lino, aceite de aguacate, pero siempre sin calentar porque al calentarlos, pierden bastantes nutrientes y los ácidos grasos insaturados se transforman en trans.

Se pueden hacer muchas variedades de grasas de animales y guardar en frascos de vidrio e ir usando para cocina para freír, ¡u hornear!

Otra cosa importante: las grasas sintéticas como la margarina, mantecas tampoco se pueden consumir, es preferible hacer nosotros en casa nuestra propia grasa.

LISTA DE GRASAS Y ACEITES PERMITIDOS

Aceites y grasas
Para ensaladas y platos fríos
Aceite de oliva
Aceite de semilla negra
Ghee (libre de caseína)
Aceite de aguacate
Aceite de lino
Grasa para cocinar
Grasa de cordero
Grasa de pato
Grasa de ganso
Grasa de pollo
Grasa de ternera
Aceite de coco
Grasa de cerdo

Ahora ya sabemos qué grasas son buenas, y las que podemos usar, podemos fabricar nuestras propias grasas en casa por ej. con la grasa de cerdo se puede cortar la papada del cerdo ibérico en pequeños cuadritos y cocinar lentamente; a medida que se van haciendo ir revolviendo, y ya cuando comienzan a quedar duros verás que cocinaste unos deliciosos chicharrones, puedes sacar los chicharrones por un lado y guarda esa grasa en un frasco de vidrio, una vez frío lo puedes guardar en el refrigerado y dura mucho tiempo ahí. A este tema le vamos a dedicar varias páginas porque me encantaría que entiendas y te saques todas las dudas acerca de las grasas, las grasas animales frescas son excelentes, lo que ha sucedido fue hace un tiempo atrás que comenzaron a asociarlo con el colesterol, y comenzaron a hablar lo malo que era. Resultó que ahí comenzaron salir varios aceite vegetales, que decían bajo colesterol, y la gente por querer cuidar más su salud comenzó a utilizar estos aceites, y perdón, sé que este tema es delicado, pero tengo que ser sincero otra vez: las industrias están pensando en vender y no en la salud de las personas, los aceites vegetales, mantequillas aceites hidrogenados, la manteca vegetal y muchas grasas artificiales, son procesados y son muy dañinos, no debería consumirlos nadie.

Hoy por hoy en los mercados todos lo que encontramos, preparados, como pastelería, galletitas, tortas, chocolates, biscochos, galletas, mayonesa, helados, todos tienen este aceite dañino, no debería consumirlo nadie.

La base del aceite vegetal está hecho de (semillas, maíz, semillas de girasol, soja).

Estos son productos muy económicos muy rentables para la industria alimentaria, la gran verdad es que no están pensando que todo eso a corto o largo plazo está afectando a las personas. Te explico: para sacar los aceites, estos aceites tienen ácidos grasos muy inestables entonces al exponerlos a altas temperaturas, para la extracción terminan dañándose fácilmente, con el calor la luz el oxígeno, la temperatura y la presión.

Durante el proceso de extracción, usan unas temperaturas muy altas, presión y muchos productos químicos, que al final alteran la estructura y terminan convirtiéndose en una gran cantidad de ácidos grasos artificiales, y de hecho muy dañino. Y estos son los típicos aceites que encontramos en los supermercados.

¿Qué significa hidrogenación?

La hidrogenación es el proceso que atraviesa el aceite, para solidificarse y también incrementar su vida útil, normalmente las temperaturas son muy altas (120 -210 centígrados) en recipientes de níquel aluminio y otro metales pesados, entonces al extraer esos aceiten a esas temperaturas van desprendiendo pequeñas partículas ¡y el aceite sale con metales pesados!

Varios estudios estos últimos tiempos han relacionado los metales pesados tóxicos con muchas enfermedades degenerativas, como el Alzheimer, la demencia, inclusive el problema de aprendizaje.

Como ya sabemos todos estos aceites están prohibidos usar en "niños con el "mundo de David" mejor dejar afuera de las compras familiar, ya que es un aceite que realmente hace daño, sabemos que todo alimento procesado lo debemos dejar fuera de este maravilloso estilo de vida.

Las grasas buenas son las que deben consumir a diario, (de cordero, cerdo, ternera, pato, ganso, cerdo, yema de huevo), no tengas miedo de darle grasa animal, con eso estarás ayudando al cerebro a regenerar su intestino, pero me imagino que todavía no te convencí, porque te estarás preguntando las grasas de animales, ¿tienen grasas saturadas? ¿Qué ocurre, acaso la grasa saturada no es perjudicial para la salud?

Esto fue lo que nos hicieron creer con respecto que la grasa animal nos provocaba problema del corazón etc., la grasas animal no es saturada, a la cadena alimenticia les conviene hacernos creer esto ya que su competencia número uno es la grasa animal, y comercializar estas grasas no les dejará un gran resultado económico, entonces es mejor convencer al resto del mundo lo malo que es la grasa animal.

Y hacen publicidad de centenares de tipos de aceites sintéticos, bajo en colesterol, etc., para que las personas piensen que están haciendo lo correcto comparando ese tipo de aceite.

Así poder vender más aceites sintéticos que cada día daña más a las personas, te diste cuenta de la cantidad de enfermedades que existen hoy por hoy desde que todo está industrializado, ¿qué estamos haciendo? Deberíamos pensar un poquito más en los seres humanos, estamos vendiendo alimentos dañinos, contaminando las aguas, y entre otras cosas, es como vamos por el mundo no pensando en un mañana.

Otra cosa que te estará dando vueltas por la cabeza es el tema de si la grasa animal natural engorda. Continuamente escucho decir a las personas en la carnicería cuando voy con mi mamá los sábados es: sácame toda la grasa por favor, carne magra piden, y yo por dentro pienso cómo quiero decirles que están equivocados, los que engorda o causa obesidad son los carbohidratos procesados, que nombramos en las líneas anteriores, la mayoría de bollería, pastelearía, helados, galletas dulces, traen aceite sintéticos, con harina refinada.

Te comenté que las páginas de las grasas serían súper interesantes, si pensaste que ya estábamos terminando ¿tienes tiempo para una pequeña historia?

Todo tiene un gran porqué, cuando importa el cómo… cómo sucedió todo este tema tan comprovincial con las grasas.

Resulta que la doctora Mary Enig experta internacional en bioquímica de lípidos ella comenta lo siguiente: en la década final de los años 50 un investigador norteamericano Ancel Key *HIZO UN ANUNCIO MONUMENTAL A LA SOCIEDAD, CONFIRMANDO QUE LAS GRASAS VEGETALES HIDROGENADAS ERAN LAS CAUSANTES DE LA EPIDEMIA DE LAS ENFERMEDADES DE CORAZÓN.*

Pero anteriormente esta misma persona había divulgado lo mismo por las grasas saturadas eran las culpables. Entonces lo que sucedió fue que la industria de aceite tomó partido de esto invirtiendo millones en campaña publicitaria diciendo que en realidad las grasas saturadas eran las culpables y así fue como comenzaron a salir varios aceites, (como el de maíz y soja) ¡que promovían la buena salud!

La cuestión aquí es que las grasas que están procesadas, grasas hidrogenadas, la ciencia dice que son responsables de muchas enfermedades de la actualidad, como enfermedades cardiacas, aterosclerosis y lamentablemente también el cáncer.

En cambio, ¡las grasas animales están totalmente afuera de provocar ni una de esas enfermedades mencionadas anteriormente!

Es más si te pones a pensar bien la fisiología humana necesita de estas grasas y la mejor manera es consumirlas diariamente.

Y qué puede decir la ciencia de las grasas saturadas, bueno protegen el corazón, mejoran el sistema inmunológico, ayudan a disminuir el almacenamiento de calcio en las arterias y son la energía perfecta para el músculo cardiaco.

A continuación te regalo una tablitas de grasas saturadas y sus porcentajes:

Grasas	Grasas saturadas	monoinsaturada	poliinsaturada
Grasa de cerdo	44%	45%	11%
Grasa de cordero	58%	38%	2%
Carne de vacuno	49%	47%	4%
Mantequilla	52%	30%	4%
Leche materna	48%	33%	16%

La madre naturaleza es increíble, cómo un bebé puede criarse con solo leche materna, la fisiología humana no cambia, la composición de grasas que nuestro cuerpo necesita a lo largo de la vida es similar a la de la leche materna, 48% grasas saturadas, 33 % de monoinsaturada, 16% polinsaturada.

Los otros días cuando mi mamá habla con mis tías con respecto al tema de las grasas, muchas de ellas preguntaban lo que tú ahora mismo te estarás preguntando, la pregunta del millón como digo siempre, y ¿Qué sucede con el famoso y tan debatido colesterol? Como ya te contaba, en mi anterior **libro** *LOS SECRETOS DE MI MUNDO* mi abuela materna vive en Argentina, Misiones, para ser más preciso, en Wanda, una pequeña ciudad a 50 km de las cataratas, y ella tiene una finca preciosa. En esa finca puedes encontrar de todo tipo de animal, ella se dedica a criar pollos sin hormonas ni vacunas, huevos orgánicos, tiene su propia huerta, mi abuela *"AMA LA ALIMENTACIÓN SALUDABLE"* y desde que supo de mi diagnóstico, lo hace con más cariño todavía, así, cuando voy a visitarla, ella cuenta con todos los alimentos que necesito, pero resulta que ahora desde hace un corto tiempo para acá, no quiere consumir nada de huevos, ni carnes con grasa por miedo a su colesterol, y toda la familia está paranoica con el tema del colesterol. Entonces, aquí vamos a desvelar y charlar un poco qué fue lo que sucedió, cómo fue que se relacionó al Huevo, a la grasa animal con el colesterol, y todo lo que se dice con respecto al colesterol, que "tapa las arterias", que también produce problemas cardiacos, etc.

Resulta que todo esto que sucede en nuestra vida tiene un motivo y un porqué, en el caso del famoso colesterol.

En 1953 salió por primera vez una hipótesis de la dieta y el corazón, que el colesterol provocaba todo este tipo de problemas, desde entonces centenares de científicos han demostrado que esa hipótesis está totalmente errada.

Un prestigioso médico y científico de nacionalidad estadounidense llamado George Mann lo calificó como *"El engaño científico más grande del siglo y en definitiva de todos los siglos"*.

Resulta que varios científicos seguían investigando para demostrar que la hipótesis estaba en lo cierto, mientras sucedía eso las instituciones médicas, los políticos y científicos se involucraron por completo en esta hipótesis y lo dieron por hecho sin estar completamente comprobado.

Fíjense como sigue esto, ellos jamás reconocerán que se equivocaron, porque de esta manera dañarían su reputación y aparte perderían credibilidad y darían inseguridad a las personas, pero mientras tanto haciendo esto dan una completa libertad a todas las cadenas de productos Alimenticios, para que promocionen productos bajos en colesterol, que en realidad, justamente eso es lo que sigue dañando a las personas.

Gracias a esta campaña enorme, que dieron a conocer, todo el mundo sabe que el colesterol es malo, es más crearon como un pánico a algo que ni si quiera es cierto, y cuando comprobaron que era mentira lo callaron, en realidad el colesterol no es malo, la verdad es que los seres humanos no podemos sobrevivir sin colesterol vivir, como te contaba en las líneas anteriores, nuestro cerebro esta forma el 60% de grasa y un 25 de % de la cantidad es colesterol, en muchas células casi la mitad de la pared celular está compuesta de colesterol.

Hablamos la verdad, la verdad que nos hace libro decía Jesús, sí, realmente tenemos que contar la verdad para que más personas puedan mejorar sus vidas, así que con este tema voy a explicar un poquito más a fondo.

En cada célula de nuestros órganos tenemos colesterol, pasa a ser como una parte de su estructura, según cada tipo de células necesitan cantidades de colesterol.

A continuación hare un pequeño cuadro explicando para qué es bueno el colesterol.

Quizás no lo sabía pero el colesterol tiene infitos beneficios.

Comencemos, aparte de que cada célula, membrana, y del resto de nuestro sistema nervioso necesita del colesterol, no únicamente para la formación, sino para llevar las múltiples funciones, por ej. cuando un bebé se está desarrollando sus ojos y su cerebro necesitan mucha cantidad de colesterol inclusive cuando recién nacen.

Si esto no ocurre, el bebé no recibe suficiente colesterol cuando se está desarrollando y esto le puede causar una anomalía congénita, "hipotelorismo u ciclopia", fíjate qué sabio es nuestro cuerpo y qué grande la madre naturaleza que todo lo hizo a la perfección, la leche materna de la madre tiene grandes cantidades de colesterol, y mira qué interesante no únicamente eso, sino que también contiene una enzima específica que permite que el aparato digestivo, pueda absolverlo la máxima cantidad posible, casi un 100 %

Si los niños durante su infancia no reciben una cantidad de colesterol, terminan teniendo problemas de la vista o mala función cerebral.

¿Sabes qué es la mielina y qué función cumple en nuestro cerebro?

La mielina es una sustancia grasa, uno de los componentes más generosos que tenemos en nuestro cerebro y en el sistema nervioso, la mielina resguarda cada célula, cada nervio, y todas absolutamente todas las fibras de los nervios con una cobertura aislante igual a los cables eléctricos, aparte de eso nos aporta alimento y también cuida de pequeñas estructuras del cerebro, y así también del sistema nervioso.

Cuando las personas comenzamos a perder mielina, lo que ocurre es que las personas desarrollan una enfermedad conocida como "esclerosis múltiple", entonces para que tengas en cuenta el 20% de la mielina es colesterol, cuando hay falta de colesterol en el cuerpo, se pone en peligro su propia estructura, y también el sistema nervioso.

Normalmente cuando a los niños del "mundo de David" les hacen un test, similar a las personas con esclerosis múltiple, dan positivo en los test para los mismos anticuerpos contra la mielina. Por causa de esos anticuerpos estos pacientes sufren daños permanentes en el cerebro y en el sistema nervioso, para que podamos reconstruir la mielina estos pacientes necesitan y es primordial una gran cantidad de colesterol, o sea, querido lector, lectora, mamá, papá, tí@, abuel@ de algún niño con el "Mundo de David", no dudes en reforzar todo los alimentos ricos en colesterol, se ha demostrado científicamente que una buena dieta elevada en colesterol ayuda a las personas que están perdiendo la memoria y también con problemas de aprendizaje. A continuación voy a regalarte un cuadrito para que veas cómo puedes reforzar esta parte de la dieta con alimentos ricos en colesterol.

Alimento rico en colesterol	contiene
El caviar	Tiene 558 miligramos de colesterol, desde ya bastante caro y muy escaso.
El aceite de bacalao	Tiene 570 miligramos de colesterol, es realmente importante y beneficiosa.
La yema de huevo	Tiene 424 miligramos la yema de huevo natural o posiblemente orgánico, tiene una importancia en la dieta.
Pescados azules y mariscos como el salmón, sardinas, caballas, gambas	varían entre 81 y 173 miligramos por cada 100 gramos, el pescado es casi 2 veces más rico en colesterol que la carne.
Manteca de cerdo	Tiene 94 miligramos de colesterol por cada 100 gramos, después le siguen otras grasas animales.

Quizás no lo sepas, pero la mayoría del colesterol de nuestro cuerpo no sale de los alimentos que consumimos, nuestro organismo cuando está sano produce colesterol, según lo va necesitando, por eso cuando las personas, como los niños o adultos con el "Mundo de David", no producen suficiente colesterol por sí solos, a causa de tanta toxicidad y falta de deficiencia nutricional, es imprescindible ayudarlos con los alimentos ricos en colesterol.

No me voy a cansar de decir que nuestro cuerpo humano esta echo a la perfección, otro ejemplo claro es el colesterol, cuando consumimos más colesterol de la cuenta nuestro cuerpo produce menos y cuando ingerimos menos el cuerpo produce más.

El colesterol es tan esencial, e importante para que nuestro sistema inmune funcione correctamente, también está comprobado que la personas que llevan una dieta alta en colesterol sufren menos de infecciones, es como están más protegidas, en cambio las personas que tienen nivel de colesterol bajo en sangre están más propensas a las infecciones ¡y les cuesta más tiempo recuperarse!

Espero que te haya ayudado mucho la importancia de la grasa buena y el colesterol. En mi caso comencé a ver avances muy grandes cuando comencé a consumir cantidad de grasas diariamente.

Bueno sigamos, con los frutos secos, sus beneficios son increíblemente maravillosos, te darás cuenta, sacando las harinas, y las verduras con almidón y usando frutos secos para hacer diferentes comidas, verás como los niños no adelgazan, no bajan de peso como algunas madres piensan, inclusive la mía, pensaba si le saco todos almidones va bajar de peso, así que pasemos al siguiente alimento estrella.

Semillas y Frutos secos

Muchas veces le preguntan a mi mamá si ella no come harina, ni pan, ni pasta, ni arroz ¿qué come? Y yo por dentro sonrío, y pienso, como el más rico pan de almendras, que exista en la tierra, en esta página el alimento estrella son varios, porque también vamos a hablar de varias semillas, y la importancia para los niños en el "mundo de David" de consumirlo a diario.

Las semillas y frutos secos son súper nutritivos, y muy ricos en algunos minerales vitales para nuestra salud. Los voy a nombrar a continuación: selenio, zinc, aminoácidos y grasas como el magnesio, ácidos grasos omega 3 y omega 6.

Muchos estudios epidemiológicos aseguran que una dieta diaria en frutos secos, tiene menos posibilidades de sufrir enfermedades degenerativas.

Es súper importante que los frutos secos y semillas sean orgánicos, o que vengan en su propia cáscara, tu niño No debe consumir frutos secos que vengan con sal, fritos, horneados, nada de eso. Te cuento mi historia: sabes que cuando voy con mi mamá los sábados por la mañana al súper me encanta ir a la parte de frutos secos y así puedo elegir los que yo quiero o el que más me guste. Cuando recién nos mudamos a Tomares, fui a las góndolas de frutos secos, y eso era un festín, wowww aquí hay de todo, pensé. Elegí unos marañones que por fuera se veían naturales, cuando llegamos a casa mientras mamá guardaba las cosas en el refrigerador, yo tomé esos marañones, los abrí, estaban deliciosos, sabían a queso, y no podía parar de comerlos. Cuando mi mamá viene a la sala me dice:

Mamá —David te comiste casi todos esos marañones.

Al rato, comienzo a querer correr, unas ganas tremendas de saltar, no tenía control de mi cuerpo en sí. Ella de nuevo me dice:

Mamá —¿Qué te pasa hijo?

Yo sin poder contestarla nada solo me reía, ella me dice qué comiste y cuando ella leyó la bolsa de ese Marañón resulta que decía puede contener gluten. Si vieras su cara, no sabía qué hacer conmigo, yo estaba como si fuera en un estado de ebriedad. ¿Quieres saber cómo termina esta historia? Obviamente jamás me dejó elegir esos marañones, con el tiempo comprendí que no debo comer lo que me hace mal. Ese día me dio de tomar mucha agua, zumos verdes, todo para sacar de mi organismo cuanto antes el gluten. Ese mismo día comenzó a investigar más a fondo sobre los frutos secos y encontró esta información súper importante, que muchas veces los frutos secos que vienen empaquetados y contienen sal, o están fritos o al horno, para sacar el producto más rápido a la venta entonces lo secan y lo embolsan, pero para que sea más rápido en el secado ¡utilizan harina de trigo! Normal, entonces imagínate, hace años que no consumo gluten, mi reacción fue enorme, entonces lo que quiero contarte acá es que con detalle que debemos cuidar muchísimo, de ahí surge la idea de siempre leer las etiquetas, ella siempre lo hace, pero es que ese día, ¡yo me adelanté y abrí el paquete!

Lo que mi mamá hace con los frutos secos es molerlos y usarlos como harinas en varias recetas verás que dice, media taza de almendras, media taza de avellana, lo mueles y ya tienes tu harina. Por ejemplo en caso de los frutos secos lo que puedes hacer es dejar en remojo por 12 horas y después hacerlos harina, de esta manera son más fácil de digerirlos y también son más nutritivos. A muchas personas o niños les cuesta digerir las semillas y los frutos secos porque contienen inhibidores de enzimas, por eso utilizamos el método de remojarlos siempre, una vez que dejas remojar por 12 horas, puedes poner el horno a 50 °C, deshidrátalo, una vez que este frío ponerlo en un frasco de vidrio y listo para utilizarlo y si no, ¡también puedes usarlo en el momento!

Por ejemplo el aceite de cáñamo y aceite de chía contienen (ácidos grasos omega 3) también en menor cantidad en las semillas de girasol y calabaza.

Todos los frutos secos contienen (ácidos grasos omega 6) en menor proporción, que la nuez y el cáñamo, pero lo tiene (avellanas, nueces, pecanas, nueces, piñones, nueces de Brasil) semillas (sésamo, girasol y calabaza).

En el caso mío, mi mamá optó por darme una vez al día semillas y frutos secos, ya sea en tartas, pan de almendras, tartaletas de verduras, ella dice que es mejor así durante la primera fase, ¡que vamos curando el intestino!

A continuación una tablita de frutos secos ¡para que puedas sacar el máximo provecho!

FRUTOS SECOS
Y SEMILLAS

Semillas de lino
Semillas de calabaza
Semillas de girasol
Semillas de cáñamo
Semillas de chía
Semillas de sésamo
Almendras
Nueces de Brasil
Avellanas
Macadamia
Nueces de pecan
pistachos
piñones

Como sabrás los niños del "mundo de David"" tienen problemas de digestión y absorción, es difícil no preguntarnos qué está ocurriendo con las enzimas digestivas, en estas páginas vamos a dedicar pura y exclusivamente ¡a las enzimas digestivas!

> El cuerpo es una máquina has de mantenerlo limpio y aceitado para que no se estropee.

B.S Argisle

La importancia de enzimas digestivas

Normalmente la mayoría de las personas y niños con una flora intestinal dañada o débil casi siempre tienen problemas para producir ácido gástrico en el estómago, lo producen con un nivel muy bajo.

Como ya hemos estudiado, los niños en el "mundo de David" y adultos con problemas gastrointestinal tienen crecimiento de excesivo de hongos, parásitos cándida, clostridia y otros miles de inquilinos que viven en el tracto digestivo e intestinal, lo que sucede es que estos patógenos tienen la habilidad, de reducir el ácido del estómago.

Como ya sabemos la digestión de las enzimas empieza en el estómago, el ácido clorhídrico que se produce en la pared del estómago activa la pepsina, la pepsina es una enzima que digiere todas las proteínas y de esta manera va modificando su estructura y las convierte en péptidos y aminoácidos, para que la pepsina pueda trabajar correctamente necesita un medio de 3 o inferior, entonces cuando no se produce suficiente ácido debido a la hipoclorhidria es ahí cuando la pepsina no puede cumplir sus funciones correctamente.

Cuando un organismo tiene baja acidez estomacal, la digestión de las proteínas funciona mal desde el principio, entonces lo que ocurre es que estas proteínas mal digeridas pasan al intestino delgado, y ahí comienzan a trabajar las enzimas pancreáticas más a fondo, y como vimos muchas veces cando las enzimas pancreáticas tampoco pueden terminar de romper las enzimas, de ciertos alimentos, ahí es que son absorbidos por el torrente sanguíneo y la inmunidad no lo reconoce le parece "extraño", de ahí surge la famosa intolerancia alimentaria.

La acidez en el estómago es el regulador más importante que tiene la capacidad que el estómago y el páncreas reaccionen cuando están entrando alimentos a nuestro organismo.

Entonces en resumen, cuando existe la mala digestión y malabsorción, las proteínas como la caseomorfosis o gluteomorfosis se absorben a través de la pared de intestinal que está dañada, o con pequeñas perforaciones, y estos actúan como opiáceos en el cerebro, y como ya vimos, las proteínas mal digeridas causan reacciones alérgicas y autoinmune, de esa manera daña aún más el sistema inmunológico ¡que ya está débil!

También hemos comentado antes que los patógenos o flora anormal convierten los carbohidratos que no pueden digerir lo convierten en alcohol, acetaldhehido y muchas otras toxinas. Los niños del "mundo de David" y personas adultas que tengan problemas digestivos tampoco pueden digerir las grasas, entonces el organismo comienza a tener una carencia muy importante de vitaminas A, D, E y K y de los aceites esenciales, muchas veces verás las heces de tu hijo color pálido y que flotan, es porque no digiere bien las grasas, lo que ocurre, cuando la comida no se digiere bien es que permanece en el tracto digestivo y se pudre, eso intoxica nuestro organismo.

Cada vez que piensas que las cosas van a ser más simples no parecen tan simples, existen 2 hormonas llamadas _secretina_ y _colecistoquinina_, que se producen en las paredes del duodeno, que son absorbidas en sangre y enviadas al, páncreas, hígado, al estómago varios órganos más.

SECRETINA: cumple la función de dar la orden al estómago para que no produzca más sus jugos, incentiva al hígado a producir la bilis, y transmite al revestimiento intestinal que los alimentos vienen en camino y dándoles la ventaja de que se produzca una membrana mucosa para protegerse, pero lo más interesante de todo esto es que estimula al páncreas a producir un producto alcalino de bicarbonato que neutraliza el ácido de las comidas que vienen del estómago, porque casi siempre el duodeno y el intestino delgado tienen un pH más alcalino. Es muy importante el pH alcalino para que las enzimas pancreáticas puedan cumplir su función y digerir, las grasas, los carbohidratos, y las proteínas.

Para que se pueda completar la digestión el páncreas requiere de la ayuda de la segunda hormona, COLECISTOQUININA: si durante la digestión de los alimento se genera poco ácido las paredes del duodeno no pueden fabricar colecistoquinina entonces el páncreas no podría producir enzimas, para digerir estos alimentos, aparte de eso la función de la colecistoquinina es mandar al estómago para que suspenda su actividad, para que la vesícula vacié el bilis en el duodeno, y así de esta manera pueda digerir grasas ¡y los jugos pancreáticos empiecen a digerir los alimentos!

¿Ahora entiendes la importancia de estas dos hormonas, para que se complete una buena digestión? Lamentablemente cuando una persona tiene baja acidez como los niños con el "Mundo de David" lo que ocurre es que los alimentos que vienen del estómago no son suficientemente ácidos como para completar esta función.

Por lo tanto el páncreas es incapaz de producir jugos ¡y no hay secreción de bilis para que las grasas puedan ser digeridas!

Bueno como ya sabemos el problemita de la mala digestión y mala absorción, el tema es ¿qué podemos hacer al respecto? Bueno, una excelente manera de estimular a nuestro organismo de que elabore su propio ácido es el chucrut y también existen enzimas digestivas que contengan betaina HCL, mi mamá va siempre a lo natural, por ejemplo ella adora el chucrut, encontrarás la receta en el recetario, páginas de recetas. Este es un probiótico natural que también ayudará al tracto digestivo a curarse, ya que estimula la producción de jugo gástrico, también tiene vitaminas y minerales. Este probiótico es una maravilla, a los niños con el "mundo de David" o adultos con problemas digestivos comienza con de a poco con una cucharita en la comida el primer día, el segundo día 2 cucharitas y así sucesivamente. Primero se comienza a dar en la comida, después más adelante una vez que el organismo lo haya asimilado, ahí sí se puede dar el jugo de chucrut un poquito en un vaso 15 minutitos antes de cada plato principal, desayuno, almuerzo y cena.

> No comas nada que tu tatarabuela no reconozca como comida. Hay una gran cantidad de artículos similares a los alimentos en el supermercado que tus antepasados no reconocerían como alimentos. Mantente alejado de estos.

Michael Pollan

Bueno sigamos, sigamos, sigamos

Sabes que había un tiempo atrás que yo no podía consumir huevos ni fritos, ni hervidos, ahora me creerías si te digo que como alrededor de 6 a 8 yemas de huevos por día ☺

Lo más raro es que me encanta, mi mamá me lo prepara de todas la maneras. Antes de que te siga contando, te contaré los beneficios que tiene el huevo.

El huevo:

Esta maravillosa proteína, es súper fácil de digerir y tiene uno nutrientes increíbles, muchas veces se le compara a la yema cruda del huevo con la leche materna, porque se absorbe casi al 100 por ciento.

Es un alimento súper Mega nutritivo, nos aporta aminoácido esenciales también numerosas vitaminas, (B1,B2, B6, B12, A, D, magnesio, zinc, ácidos grasos esenciales y biotina).

Los beneficios que contiene el huevo son innumerables, aporta vitamina B12, que es primordial para el desarrollo de sistema nervioso y para el sistema inmunológico, normalmente los niños con el "mundo de David" tienen carencia de esta vitamina por lo cual suelen ser anémicos. Escuchaste alguna vez cuando dicen el huevo contiene **"colina", pero ¿qué es la colina? "Colina"** es un aminoácido esencial, para el sistema nervioso y también para el hígado, resulta que la colina es argamasa, de un neurotransmisor que se denomina acetilcolina, que habitualmente usa el cerebro para todo lo que tenga que ver con el proceso cognitivo y de aprendizaje. Normalmente se recomienda suplementarse con colina a las personas que han sufrido algún daño neurológico o también para personas con problemas de hígado, los niños con el "Mundo de David" tienen desafíos cognitivos, y también su hígado muy saturado, por eso la colina, o sea la yema cruda, sería un aporte muy beneficioso para estos niños, y deben consumirlo en varias cantidades, entre 4 y 8 yemas diariamente.

Lo mismo que sucedió con el tema de la "grasa animal", una publicidad errónea, y la errónea ciencia, comenzaron a fomentar que el huevo tiene colesterol, así muchas personas dejaron de consumir huevos, siendo el huevo un alimento muy nutritivo, para la salud.

Quizás muchas personas no saben que el 85% del colesterol no proviene de los alimentos, sino que es una manera que reacciona el hígado a consecuencia que nuestro organismo consume mucha cantidad de carbohidratos procesados y azúcar.

Mi mamá específicamente recomienda huevos orgánicos o caseros donde las gallinas son criadas al aire libre, y no les hayan puesto vacunas, antibióticos, ni nada de hormonas, y que se hayan alimentado de cosas naturales y no de alimentos químicos agrícolas.

Si te estás preguntando y ¿qué hay de la salmonella?

Los huevos de la granja de cría ecológica suelen correr menos el riesgo de estén infectados con salmonella. Según el comité nacional de huevos, uno de cada 7000 huevos corre el riesgo de contraer esta bacteria, pero eso para las gallinas que están criadas en jaula, en cambio las que son criadas al aire libre es diferente, ya que su estado inmunológico es mucho más alto. Muchas mamis tienen miedo de dar a sus hijos la yema cruda por este tema de salmonella, si tienes mucha duda entonces lo puedes cocinar, porque de esta manera no corre riesgo de salmonella ya que se destruyen a alta temperatura.

Por ejemplo, las personas que son alérgicas al huevo tienen que tener cuidado porque en ese caso es mejor no consumirlo y como ya sabes, para saber si eres alérgico utiliza el método que te expliqué, apartas la clara de la yema, y antes de dormir lo pones en la muñeca del lado de adentro, uno de cada lado, esperas que se seque antes de dormir, y si en la mañana amanece rojo o te pica es porque eres alérgico al huevo, y por ahora es mejor no consumirlo.

Normalmente la clara es la que más reacción alérgica provoca porque contiene proteína y antígenos muy completos, nunca se ha demostrado que la clara cruda sea contraproducente para la salud, pero varios estudios dicen que puede provocar deficiencia de biotina.

Mi pequeño y gran consejo es que si tienes un hijo en el "Mundo de David" no dudes en incluir en su dieta la yema de huevo crudo diariamente, ¡a excepción de que sea alérgico!

A continuación, ciertos alimentos mitos o leyendas

Escuché más de mil veces a las personas a mi alrededor decir que la sal es mala.

La famosa sal ¿mito o leyenda?

Desde hace miles de años la sal siempre estuvo muy valorada, un valor incalculable, para la fisiología de nuestro cuerpo, claro siempre y cuando estemos hablando de sal natural; por ejemplo antes la sal era llamada "el oro blanco" durante la época romana, ellos pagaban a sus soldados con la sal, de ahí proviene la famosa palabra "**salario**".

Eso sí, quiero dejar una cosa súper mega clara, la sal saludable es la **<u>sal sin procesar</u>**, por el (los cristales de sal de Himalaya) o sal de mar, pero sin que haya pasado por un proceso químico.

Como todas las cosas que fuimos viendo, lo que ocurre cuando pasamos los alimentos por procesos químicos, lo mismo ocurre con la sal, pasa por ese proceso, para que entiendas súper bien vamos a hablarlo de manera menos formal: las industrias necesitan que sea cloruro puro, para fabricar centenares de cosas.

En realidad más del 90 por ciento de sal se utiliza por las grandes industrias para fara fabricar plásticos, jabones, PVC, detergentes, productos agrícolas, entonces lo que sucede es que estas industrias necesitan el cloruro de sodio puro, el resto de sal natural lo terminan eliminando, y ¿dónde van a parar ese resto? En nuestras casas, las reconocidas "sal fina de mesa", entonces estamos usando la sal natural buena para las fábricas, y lo que queda de ese proceso químico, usamos para consumirlo. No tengo nada en contra de las fábricas industriales, pero una vez más están pensando en ellos mismos y no en las personas.

Vamos a llamar las cosas por su nombre, la sal de mesa es muy dañina para el organismo, es la causante de retención de líquido, presión arterial, y la mala circulación, nuestro cuerpo está apto para recibir el cloruro de sodio, con todos lo oligoelementos (calcio, magnesio, potasio, zinc) que la sal natural nos puede aportar.

Claro, la medicina ve todo lo que puede causar, la sal fina procesada siempre aconsejan a los pacientes no consumirlo, pero en realidad, lo único que tenemos que prestar atención es qué tipo de sal consumimos.

Entonces para que aclaremos bien este punto la "sal natural" no solamente es buena para nuestro organismo, sino que es fundamental para la fisiología humana, así tan esencial como es el agua, ¡imagínate la importancia que tiene en nuestras vidas!

Primero iremos despejando dudas, viendo paso a paso lo que podemos incorporar en el estilo de vida maravillosamente sano, justamente por eso estamos desvelando mitos y leyendas, porque a lo largo de toda nuestra vida hemos escuchado diferentes opiniones y eso nos da inseguridad a la hora de implementar la dieta al pie de la letra. Es muy importante estar segura de todos estos detalles, ya en pocos minutos iremos desarrollando este maravilloso estilo de vida ¡que dio un excelente resultado a mi vida!

El agua de mar ¿verdad o consecuencia?

El agua de mar magnífica para nuestra salud

El primero en investigar el efecto terapéutico y curativo del agua fue el investigador Rene Quinton hijo de un médico. Nació el 15 de diciembre de 1866 en Chumes Brie

Francia, aunque no tenía ni una carrera como científico reconocido, pero era una persona sumamente culta, con muchas ganas y un talento único para la investigación. La experiencia de él fue impactante; cuando se enfermó gravemente de tuberculosis, de la cual se recuperó bastante rápido, viviendo junto al mar, se dio cuenta de que la composición química del agua de mar es muy similar al suero salino de la sangre de los vertebrados.

Un tiempo más tarde creó un suero salino, basado en agua de mar al que llamó *"plasma de Quinton"*.

> EL AGUA DE MAR CONTIENE TODOS LOS MINERALES Y OLIGOELEMENTOS NECESARIOS PARA EL CUERPO HUMANO.

Rene Quinton

Estos oligoelementos actúan como coenzimas, evita la deshidratación, y permite una regeneración celular, manteniendo así un equilibrio bioquímico perfecto del cuerpo.

¿Qué son lo oligoelementos?

Los oligoelementos son minerales esenciales para la vida, son esenciales para muchos, procesos metabólicos, para el crecimiento y buen funcionamiento del organismo en general.

Como ya sabemos el 70% de nuestro cuerpo es agua, gran cantidad esta contenido, en el plasma sanguíneo, Rene Quinton gracias a su estudio sobre las propiedades del agua de mar, encontró similitud entre el plasma sanguíneo y agua de mar, te preguntarás:

¿Qué es el plasma marino?

El plasma marino es una dilución de un tercio de agua de mar y dos tercios de agua mineral.

El plasma marino es tan poderoso que cuenta con ciento dieciocho minerales en la tabla periódica, orgánico y biodisponible con pH alcalino de 8.4

Estos son algunos de los componentes de agua de mar sodio, hierro, selenio, azufre, calcio, molibdeno, cobalto, boro, plata, flúor, potasio, cromo, zinc, silicona, cloro, vanadio, níquel, litio, yodo, magnesio, manganesio, cobre, fósforo, bromo, oro, y mucho más.

A continuación compartiré contigo una tabla para tener en cuenta si quieres incluir en tu vida diaria el agua de mar:

AGUA MAR DOSIS				
TAMAÑO	DESDE	AGUA DE MAR	AGUA FILTRADA	TOTAL
NIÑO	COMENZAR	5ML	15ML	20ML
	LLEGAR A	30ML	90ML	120ML
ADOLESCENTE	COMENZAR	10ML	30ML	40ML
	LLEGAR A	50ML	150ML	200ML
ADULTO	COMENZAR CON	15ML	45ML	60ML
	LLEGAR A	75ML	225ML	300ML

El doctor Ángel García nos recomienda como suplementarlo en su libro *La dieta del delfín*.

Nuestro pH corporal debe ser de 7,4 es muy importante tener en cuenta el pH corporal, ya que todas las enfermedades son acidas (INFERIOR A 6.0)

Como comprobó el fisiólogo Alemán Otto Warburg ganador de un Premio Nobel, de fisiología por el descubrimiento, de la naturaleza y el modo de acción de la enzima respiratoria" él nos enseñó cómo respiran las células y también asegura **"donde hay alcalinidad y oxígeno no puede haber enfermedad"**.

Él afirma que todos los vertebrados están compuestos de agua de mar, y cuando la ingerimos recibimos la información con la que se hizo la primera célula de la vida.

Me imagino que te estás preguntando ¿qué es el pH?

Es el valor que mide la acidez-alcalina en la sangre, saliva, orina y tejidos que afecta a cada célula de nuestro cuerpo.

Y se calcula en una escala que va de 0 a 14 donde el 7 es el valor neutro, por encima estaría la franja de la alcalinidad y por debajo de la acidez, el cuerpo necesita estar siempre en un medio ligeramente alcalino, ya que todas las funciones de nuestro organismo actúan de manera adecuada de esta manera.

Para mantener el equilibrio del pH de nuestro cuerpo, debemos tener en cuenta de que lo ideal es que debe haber un equilibrio, entre alimentos alcalinos y ácidos, primero colocar los alimentos alcalinos en mayor porción entre un 80 a 85% con respecto a los alimentos.

La población tiene un pH ácido, pero tampoco sería bueno tenerlo demasiado alcalino.

A continuación te proporcionaré una tablita de alimentos alcalinos y ácidos para que lo puedas, imprimir y colocar en el refrigerados este es buenos, para toda la familia no únicamente para los niños del "mundo de David", sino para todas las personas que quieran un nuevo estilo de vida maravillosamente sano.

De muy alcalino a medianamente

Muy alcalino	altamente alcalino	medianamente alcalino
agua alcalino 8.8ph	lechuga	alcachofa
agua marina	lima	calabacín
sal de Himalaya	pomelo	calabaza
sal marina sin refinar	mandarina	cebolleta
hierbas de cebada	piña	zanahoria
hierbas de avena	aguacate	puerro
hierbas de trigo	remolacha	patata
pepino	pimentón	guisantes
col rizada	pimienta cayena	berro
acelga	repollo	coco
espinacas	berenjena	trigo sarraceno
perejil	apio	espelta
brócoli	endivias	lenteja
germinados	ajo	tofu
almendras crudas	judías verdes	hierbas y especias
goji	envidias	aceite de oliva
limón	espárragos	aceite de coco
estevia en hoja	cebolla	aceite de lino
	rábano	higos secos
	rúcula	melón
	tomate	sandía
	aceite de onagra	
	ortiga	
	aloe vera	

De neutral a altamente ácidos

Neutral o poco ácido	moderadamente ácidos	altamente ácidos
judías negras	cereal de desayuno	alcohol
garbanzos	mantequilla	café
habichuelas	trigo	zumos
nectarinas	pan de centeno	envasados
albaricoque	pan integral	refrescos
cirueleas	arroz salvaje	tés negros
cerezas	pasta integral	chocolates
amaranto	huevos	mermeladas
mijo	palomitas	mostaza
pescado salvaje	agua con gas	kétchup
leche de arroz	mayonesa casera	sal refinada
leche de soja	avena	levadura
anacardos	plátano	leche
mango	manzana	quesos
aceite de girasol	uvas	yogurt
	moras	helados
	frambuesa	edulcorantes
	ciruelas pasas	harinas
	granada	escabeches
	guisantes verdes	frituras
		carnes
		mariscos

Bueno, sigamos, como te estaba contando los beneficios del agua de mar, ahora para que no te aburras mucho, te contaré mi experiencia con el mar. Me encanta de una manera maravillosa, y ahora entiendo muchas cosas, estar en el agua por tanto tiempo como pasaba yo es súper terapéutico; acá va mi historia espero que te guste.

Parque Nacional Natural Tayrona

Este parque está al norte de Colombia, es conocida por sus hermosas palmeras, lagunas costeras y bosques tropicales.

No sé si recuerdas que te comentaba que por los últimos 6 años viví en el Caribe, mi vida cerca del mar realmente fue sanadora, liberadora, emocionante, los domingos mi mamá me despertaba con las cosas listas para ir a la playa. Mis últimos dos años viví en Cartagena, Colombia, donde disfruté muchísimo el mar; sinceramente nací para estar cerca del agua salada, amo con todo mi corazón y mi alma la playa. Todo los días durante dos años, pasaba el día entero entre las olas, el calorcito caribeño, y el hermoso sol, para mí era absolutamente todo fantástico, donde disfrutaba cada día de mi vida, y los fines de semana me iba a playa blanca en isla Barú, es unas de las playas más bonitas de Cartagena de India, el agua es turquesa, arena blanca, es una belleza pasaba mis fines de semana en un paraíso caribeño, en el lugar todavía se conserva todo natural. Desde la mañana hasta la noche, me pasaba dentro del agua, Cartagena es realmente maravillosa. En octubre del 2016 se fue a visitarme mi tía Lily, ella vive en Boston, pero nos visita de seguido, y nos fuimos, a pasar unos días al Parque Tayrona. Es un lugar soñado, si algún día viajas a

Colombia no te olvides de agendar este lugar encantador. En este viaje fue súper emocionante, para llegar hasta el parque desde la entrada tuvimos que ir en caballo, o también puedes ir caminando, nosotros decidimos cabalgar, fue una de la cosas más emocionantes porque los caballos van entre medio de las rocas, y con varias subidas, entre arboles de por medio, llegamos hasta el parque. Una de las noches nos quedamos en una pequeña cabaña, y el próximo día, decidimos acampar. Fue la mejor experiencia de mi vida, si me permites me encantaría compartir contigo esta foto, la vista es realmente maravillosa.

> Cada vez que estoy delante del mar, me abro a los regalos del aire de los colores y las formas, las vibraciones me entran y salen del pecho con la misma facilidad con la que atraviesan la ventana"

Fabricio Caramagna

Una de las cosas súper importantes también es lograr que tu hijo disfrute del aire libre, el sol y si vives cerca del mar no dudes en llevarlo, al tomar sol medianamente bien, el sol moderadamente bien aporta vitamina D desde ya para los niños del "Mundo de David", es muy importante, un sol intenso donde se queme tu piel ese sol no sirve, tiene que ser moderado, para que tu sistema pueda asimilar vitamina D, aunque como ya sabemos también podemos absorber vitaminas a través de los alimentos (hígado, sardinas, huevo, pescado azul). Además tiene un montón de ácidos grasos omega 3 de regalo.

La vitamina D se comporta como una hormona y eso quiere decir que todas las células del cuerpo tienen receptores, la vitamina "D" ES TAN IMPORTANTE QUE INFLUYE EN MÁS DE 200 GENES.

Recuerda, un sol moderado, un horario que pueda absorber vitamina D.

La tía Lily, mi mejor amiga

En esta foto estoy con mi tía Lily ella es magnífica, adorable, encantadora, es como mi segunda mamá, disfrutamos bastante de la playa, a ella le gusta mucho jugar conmigo a las escondidas en el mar, fue la primera vez que sumergí mi cabeza debajo del mar. Algo que me fascina de Colombia es la comida, pescado con patacones aunque a mí me dejaron comer patacones solo un par de veces, por el tema de la alimentación, (contienen altos carbohidratos), igual cada vez que pude robarle un par de mordidas, los patacones de mi mamá, lo hacía, (risas). Bueno lo que te quiero comentar ahora es que en estos dos años me sentí muy bien, con mucha energía, los trastornos del sueño se calmaron bastante, mi ganas de estar todo el tiempo con mi familia era constante ya casi no me gustaba tanto aislarme y estar en el "mundo de David", porque me sentía muy bien compartiendo y jugando con ellos, no necesitaba escaparme de nada. El agua me relaja muchísimo; cuando mi mamá, se dio cuenta de cómo funcionaba todo esto ya sabrás que le encanta investigar, estuvo leyendo sobre el efecto curativo del agua de mar, por eso tomar agua de mar media hora antes de la comida es tan saludable, al pasar bastante tiempo dentro del agua salada vas liberando toxinas a través de la piel. Esos días de playa llegábamos a casa y me sentía súper agotado y al mismo tiempo con una paz indescriptible.

Bueno sigamos, sigamos, sigamos

A este alimento le dedicaremos también un par de páginas bastantes interesantes y así vemos si más personas pueden a llegar ser conscientes del daño que puede causar este "diminuto pequeño veneno blanco", así lo llama mi mamá. Ella directamente lo saco de su lista de compras, en casa usamos *"ESTEVIA EN HOJAS"* para endulzar té, mate, hacer tartas, muffins, ¡hace años dejé de consumir azúcar!

El azúcar ¿verdad o consecuencia?

Siento que venimos avanzando y que ahora contigo puedo hablar de frente sin tantos rodeos, estamos develando secretos, sacando las creencias que venimos escuchando por años acerca de los alimentos. En este caso, el azúcar es uno de mis favoritos, porque fue uno de los alimentos que más me costó dejar, cuando comencé este mundo sano; mi mamá usaba azúcar morena, lo congelaba, lo subía en los estantes más altos, para que yo no pudiera encontrar, y me las ingeniaba de todas las maneras posibles, y cuando me daba cuenta de que no podía alcanzar iba al baño y buscaba la pasta de dientes que también es dulce, pero como tiene menta suele picar, entonces lo comía de a poquito y a escondidas, hasta que me descubrían, y de repente escuchaba ese grito en el cielo: *DAVID NOOOOO ESO NO SE COMEEEEE*, y obviamente terminaba castigándome mi mamá muy enojada, porque después de todo lo orgánico y se pasaba horas buscando ayudarme y yo haciendo una de mis hazañas.

Buenos comencemos: el AZÚCAR está por todos lados y en todos lados, como por ejemplo los alimentos que vienen envasados y procesados, la mayoría de ellos contienen azúcar, si miras la etiqueta siempre verás que tienen azúcar. Estos últimos años ha crecido de una manera abismal el consumo de azúcar, se calcula que una persona en occidental consume alrededor de

73 a 91 kilos de azúcar al año, decidme si esa cifra es ridícula. Aparte de subirnos la glucosa en sangre también afecta el sistema inmunológico y daña la flora intestinal, y recuerda que los niños con el "Mundo de David" tienen la flora debilitada y el sistema inmune bajo. Por darte un claro ejemplo, nuestro organismo para metabolizar una molécula de azúcar necesita alrededor de 56 moléculas de magnesio, imagínate, que cuando consumimos azúcar se produce una deficiencia de magnesio muy grande, el azúcar es la principal causante de pérdida de magnesio y hoy por hoy la mayoría de las personas necesitan suplementarse con magnesio, porque existe una pérdida enorme y no sabemos de dónde ni el porqué, también causa problemas de hipertensión, inmune y neurológico.

Por eso tenemos que evitar comprar productos de bollería y pastelería, y también productos envasados porque como ya sabes, todos traen conservantes, colorantes, trigo, azúcar, siempre es mejor lo natural, lo que sabes que a tu hijo le va venir bien.

En mi casa hace años no consumimos ni un bebidas dulce, ni gaseosas, son otra fuente enorme de azúcares, pero esta sí en gran cantidad, hasta te diría desorbitada, y los aditivitos, conservantes y colorante es asustador; por ejemplo una lata de gaseosa puede llegar a tener entre 5 a 10 cucharas de azúcar, y mucho ojo con los jugos de frutas que encontrarás en el mercado también contienen frutas procesadas y hongos, es mejor siempre hacerlo en casa, nos tomará un poco más de tiempo, pero sabes que estás dando alimento bueno a tu hijo, o si tienes más a tus hijos. En realidad si prestas atención nadie debería consumir todas esas cosas, no únicamente los niños con el "mundo de David" sino toda persona que quiera gozar de una buena salud y vitalidad.

Para mí una de las peores y que más daño causa, aparte de mentir a las personas, las famosas "gaseosas light" sustituyen el azúcar por **el aspartamo**, ya han descubierto que produce cáncer, es neurotóxico, te darás cuenta de que cambia, mi forma de hablar cuando hablamos estos temas, es porque otra vez lo voy a repetir: no están pensando en la salud de las personas, obviamente que todas estas gaseosas están prohibidas estrictamente para los niños del "Mundo de David".

Desde hace unos años atrás, soy consciente y aprendí que lo que funciona no se cuestiona, cuando mi mamá comenzó a sacar toda las papas fritas en bolsa, doritos y miles de cosas que se compraban antes en casa, y comencé a experimentar otro estilo de vida y a sentir muy tranquilo muy en calma, no cuestiones más a mi mamá todo lo que ella hacía.

En el año 2002 el organismo sueco de la administración nacional de alimentos, y la universidad de Estocolmo hicieron un comunicado de haber encontrado sustancia neurotóxica altamente cancerígena en las papas fritas, papas en bolsa, pan y varias cantidades alimentos de alto contenido con almidón que hayan sido horneados o fritos con aceite vegetal a altas temperaturas, a esta sustancia la llamaron **acrilamida**.

Estos científicos en Noruega, Suecia y Estado Unidos hicieron una lista, de los alimentos extremadamente altos en **acrilamida** ya que esta sustancia es altamente peligrosa y últimamente agregaron a esa lista al café instantáneo, entonces en este asunto tomaron cartas. La organización Mundial de la salud (OMS), La Organización de las Naciones Unidas para la Agricultura y la Alimentación, (FAO) Y la Oficina para los Medicamentos y la Alimentación de los Estados Unidos (FDA) han creado un plan para poder identificar el curso del desarrollo de acrilamida en los alimentos, para poder frenarlos y quitarlos, ya que causa muchísimo daño a la salud, como por ejemplo daños neurológicos, cáncer y esterilidad.

Los problemas de salud que puede ocasionar la **"<u>acrilamida</u>"** son altamente peligrosos y pusieron límites en la máxima cantidad de acrilamida en los materiales que envasan alimentos. Hace varios años que venían prestándole atención en los envases de plástico, pero no se habían dado cuenta de que también en el alimento que está adentro puede tener cantidades excesivas de acrilamidas, desde ya es otro motivo por el cual las bolsas de papas fritas deberían estar lejos del consumo de los niños en **"El Mundo de David"**.

"Que tu alimento sea tu medicina, y tu medicina tu alimento."

Hipócrates

Toma conciencia de tu alimentación

as industrias siguen sacando más endulzante, mi mamá dice que no se puede confiar en ni uno de ellos (xilitol, jarabe de maíz, sirope de agave).

Imagínate un intestino dañado, le das todo eso, y le afecta peor, sí, a una persona sana le puede causar mucho daño, si tienes problemas digestivo o intestinal estas son las cosas que debes evitar para recuperar tu salud, y si quieres recuperar la salud de tu hij@, todo lo tienes que hacer en casa y asegurarte de los ingredientes que usas. Yo creo que lo mejor es cocinarlo en el momento y que sea de la manera más nutritiva y el organismo de tu niñ@ pueda aprovechar al cien por ciento los nutrientes de esos alimentos, como sé que amas a tu hij@ más que a nadie en este mundo.

Debes incentivar a tu hijo a tomar agua, no existe nada mejor y más saludable que el agua, siempre es mejor agua filtrada o de botella mineral, ya que normalmente el agua del grifo tiene bastante cloro y eso podría dañar la flora intestinal. Otra opción que me gustaría recomendarte son los zumos naturales, de verdura y poca fruta, para que vaya desintoxicando el cuerpo y el Hígado, también aportan muchas vitaminas, como las verduras son crudas más vitaminas absorberá tu cuerpo.

Insisto que lo mejor es preparar el zumo en casa, porque lo que encontrarás en el mercado está pasteurizado, y también tiene hongo y moho, como ya sabemos el sistema inmunológico de los niños con "El mundo de David" está delicado y debemos cuidar todos esos detalles.

Una buena manera de ayudar a la digestión, lo mejor es comenzar el día con un vaso de agua, le puedes poner unas gotitas de limón, o una cucharita de vinagre de manzana, también lo que puede ser de gran ayuda es la infusión de jengibre natural.

Solo necesitas rallar un trocito de jengibre el tamaño del dedo pulgar de tu hijo, y una ramita de canela echar agua caliente y listo (se puede agregar estevia si prefiere).

Te daré todas las herramientas, técnicas, métodos, secretos que mi madre utilizo conmigo para que yo pudiera ir avanzando, por ejemplo es mejor tomar agua media hora antes que durante las comidas, para no ralentizar la digestión. Si tienes una ganas de tomar agua es mejor tomar un caldo de hueso ¡que es ideal para estimular el jugo gástrico del estómago!

Sé que lo harás y verás un cambio enorme en su vida, y lo más lindo es que te lo agradecerá por el resto de tu vida, y te repito lo que dice mi mamá: si este libro no te convence busca otro, no te quedes solo con esta información, ¡pero no dejes de buscar!

Para que entiendas un poco más lo difícil que fue para mí dejar el azúcar extenderé un poco más esta historia.

> "Somos lo que comemos, pero lo que comemos nos puede ayudar a ser mucho más de lo que somos"

Alice May Brock

EL AZÚCAR EL ENEMIGO BLANCO

Nuestro cuerpo es único y muy sabio, cuando nuestra flora intestinal está en desequilibrio comienzan a pasar cosas o situaciones extrañas, deberíamos cuidar nuestra flora intestinal como oro, porque nuestro cuerpo es como un templo es exactamente ahí donde vamos a vivir el resto de nuestras vida. ¡Varios desafíos de los niños en el "mundo de David" se pueden revertir con la alimentación correcta!

También estos últimos años, las personas comenzamos a prestar más atención a la alimentación. Escuchaste esa frase "somos los que comemos", es exactamente así, en mi corta edad he aprendido muchísimo de la importancia de una buena alimentación, cuando yo comencé con este estilo de vida maravillosamente sano, en corto tiempo logré más claridad, más concentración, comencé a dormir mejor, comprendía hasta los chistes de mi mamá, imagínate, y eso que son malísimos jaja (risas).

Me di cuenta por experiencia propia, hubo una época que mi mamá comenzó a trabajar, ella había comprado un gimnasio y después de varios años de estar solo conmigo en casa, ella creyó que ya era tiempo de volver al trabajo, entonces, le quedaba poco tiempo para la cocina. Por un corto tiempo comencé a comer pasta, libre de gluten, arroz integral, calabaza, seguía una dieta bastante natural, pero no estábamos haciendo la dieta correcta de carbohidratos específicos que nos había recomendado la doc. Al cabo de un par de semanas comencé a sentir cansancio, mucho cansancio, me distraía fácilmente, recuerdo ir a la cocina y comía a escondidas galletas dulces, refrescos, etc. Jamás podían dejar pasta de dientes en el baño porque me encantaba, me quedaba la boca fresca, eso síí hasta que oía un grito en el cielo Davidddddd!!!!!!!!!!!! y yo ¡ohhh ohhh, mamá! Como ya te contaba en las líneas anteriormente, cuando escuchaba eso, directamente, ¡sabía que ella me habría descubierto! Cuando sabía que estaba solo, bajaba el pote de azúcar morena y con mi dedito índice iba saboreando la dulzura del azúcar. Otra cosa que me encantaba hacer es, cuando íbamos al súper, y la veía muy concentrada leyendo las etiquetas, me escapaba e iba me paraba cerca de los estantes con gomitas, y cuando nadie se daba cuenta me robaba algunas. Lo hice un par de veces hasta que ella se dio cuenta y ahí no lo pude hacer más, pero eso me pasaba normalmente cuando cambiaba mi dieta, era como mi cuerpo me pedía más azúcar (en realidad eran mis inquilinos, como ya sabes, parásitos hongos bacterias, virus).

Después que volvía a mi dieta de siempre, que para mí ya es normal, ya no sentía la necesidad o las ganas de comer dulces, es más ahora las veces que vamos al súper yo elijo los frutos secos, le ayudo a mi mamá con las bolsas, y también cuando ella me dice ¿quieres tomar algo?, siempre elijo agua. Ya no me dan ganas los jugos ni los refrescos. Lo que quiero contarte es súper importante: la relación que existe entre la alimentación y el estado de ánimo de tu hijo, su comportamiento, todo está relacionado. ¿Dónde nace todo esto? En la flora intestinal, (intestino-cerebro) a lo mejor no lo tuviste en cuenta nunca, pero está totalmente relacionado.

Es también muy importante estar atentos a los alimentos que provocan alergias, retirarlos momentáneamente hasta que vayamos curando el intestino, y luego más tarde podemos volver a probar otra vez.

Por eso te comentaba esta dieta funcionó específicamente para mí, esta es mi experiencia, para lograr eso fuimos probando varias recetas, y los alimentos a los que mi cuerpo reaccionaba, no dimos cuenta que les tenía alergia y ahí mi mamá ponía obra en acción, me sacaba por un tiempo esa verdura o fruto seco en particular, y me daba otra cosa. La manera que ella detectaba si era una alergia o no era por ciertas reacciones, por ej. hubo una época que era alérgico al huevo, y un día para el otro comencé a tener reacciones en el cuerpo, me salía dermatitis, puntito blanco y rojos muy molestos, entonces así reaccionaba mi cuerpo.

De ahí nace la importancia de un estilo de vida saludable. absolutamente todo natural en lo posible. orgánico, lo único que consumo que viene en paquetes son los frutos secos, el resto todo cosechado naturalmente, porque una vez que vienen en paquete significa que tuvieron que pasar por un proceso químico, y lo más seguro es que tienen conservantes y colorantes para aguantar más tiempo en los supermercados.

Lo **"primero es lo primero es lo primero"** es mi frase favorita.

Sacar el azúcar de la dieta de tu hijo primero será complicado porque él se ingeniará a buscar más azúcar de donde sea, el tema es que la recompensa es gigante, lo que mejoran es maravilloso, y yo por experiencia propia puedo decirte que la paz se comienza a sentir ¡es única!

Extendí más estas páginas sobre el azúcar, porque realmente es importante tomar conciencia hasta qué punto nos afecta a los niños con el "mundo de David" y también a las personas con desafíos de salud y sin desafíos, recuerda, todo lo que encuentras en el mercado y esté procesado, ¡contiene azúcar!

Entonces te estarás preguntando en vez de azúcar ¿qué le doy?

Mi Mamá prefiere la estevia en hojas, en lo posible orgánico si lo consigues, ella lo prepara de esta manera: calienta un poco de agua y echa un puñadito pequeño de estevia, y va probando hasta que quede el sabor adecuado, eso depende cuánta agua y cómo te guste de dulce. Puede durar en el refrigerador de unos 3 a 4 días. La otra opción es la miel natural, pero eso una vez que tu hijo haya avanzado bastante se puede incorporar la miel, como ya sabes es mejor la miel que no esté procesada, muchas veces cuando lo apicultores aceleran el proceso de extraer, primero la calientan y eso daña los micro elementos de la miel. Aquí en el mercado, ella lo consigue hasta con el panel, súper natural.

La miel tiene muchas propiedades curativas, desde hace miles de años se utiliza como alimento y medicina.

Es un súper antiséptico natural, también proporciona vitaminas, minerales, aminoácido.

Son increíbles los efectos curativos de la miel, se puede utilizar para los trastornos digestivos, infecciones de pecho, garganta, dolor de cabeza, insomnio, artritis, anemia, también de manera terapéutica para cerrar heridas abiertas, úlceras y llagas en la piel y boca.

Eso sí, es muy importante que sea natural, más adelante te explicaré en qué "paso" usarla.

Ya estamos más cerca que nunca para empezar a desarrollar el método maravillosamente sano o la dieta DDMD, pero antes quiero regalarte esta frase de Tony Robbins, para que jamás tengas miedo de tomar las rienda de tu vida o la de tu hijo ¡y así puedas pasar al siguiente nivel!

> "¡LEVÁNTATE DEL BANQUILLO Y ENTRA AL JUEGO DE LA VIDA! Deja tu imaginación libre y juega con las posibilidades que te ofrecen las cosas que te quedan por explorar, conocer. Empieza ya. ¿Qué nueva experiencia podría buscar hoy mismo, para enriquecer tu vida? ¿En qué tipo de persona te convertiría a raíz de ello?"

Tony Robbins

No sé si leíste mi primer libro *Los secretos de mi mundo* ahí comenzamos con este mantra para que nos ayude a seguir con más fuerzas, más entusiasmo, más fe que nunca, ¡más energía y vitalidad que nos merecemos!

Sabes lo que sucede tener un desafío tan grande, no es fácil, porque requiere mucho tiempo, mucha atención, mucho trabajo, por eso mi mamá siente la obligación moral de ayudar a más padres y más personas que tengan desafíos de salud.

Creo que esto mi mamá no lo mencionó nunca, pero un año antes de mi diagnóstico mi mamá perdió a su papá, de ahí viene este interés por la buena alimentación, la comida saludable y no es **casualidad**, mi abuelo desde muy niño tenía problemas gastrointestinales, siempre fue alérgico a muchos alimentos, pero eso no fue lo que le llevó de este plano terrenal, sino que ese desafío de salud que tenía mi abuelo se le podría haber ayudado más, con una alimentación correcta, de ahí nace el interés de mi madre hacia la vida saludable. Como ya sabes después que pasas desafíos enormes en la vida, después está la bendición, poder aprender muchísimo de todo lo que te sucedió y ayudar a las más personas que estén pasando por lo mismo que tú.

Bueno, no quiero extender mucho, el tema es que ella quiere ayudar primero a las mamis, papá, tío, herman@, abuel@ que esté a cargo del niñ@ que esté en "El Mundo de David" para que esa persona pueda ayudar a la persona que más necesita.

Ahora sí, aquí el mantra, repítelo, créetelo hasta que lo tengas súper incorporado, así lograrás empoderarte y lograrás todo lo que te propongas con tu hij@.

> Para disfrutar de la vida, no necesitas tonterías extravagantes, pero sí necesitas controlar tu tiempo darte cuenta de que la mayoría de las cosas no son tan serias como crees que son.

Tim Ferris

Especialmente para ti ♥

Si estás pasando por algún desafío grande en tu vida,
¿sabes por qué?

Porque eres grandiosa/o, dios o el universo sabe que
puede contar contigo

porque eres fuerte y dejarás una diferencia en esta
tierra para las personas que vendrán.

Si eras una persona ordinaria y débil jamás hubiera
tenido un desafío

EXTRA –ORDINARIO

Porque eres una madre, padre, hijo, hermano
desafiad@ que convierten desafíos en bendición.

Tu mayor regalo es la fortaleza única e irreemplazable
que llevas dentro.

Con una sonrisa ☺ en el corazón ♥ siempre verás brillar
el sol ☼

Bueno, último alimento de mitos y leyendas, verdad o consecuencias, aquí vamos.

La soja:

Muchas personas saben poco y nada sobre la soja lo que si sabemos y está muy claro es que esta en muchos productos procesados y envasados como por ejemplo margarina, pizzas, galletas, comidas para bebés, meriendas, aderezos para ensaladas, panes, salas, productos veganos, vegetarianos, sustitutos de lácteos, dulces, pasteles, inclusive preparado para lactantes.

O sea está prácticamente por todos lados, el negocio de la soja se encuentra muy desarrollado en Estado Unidos, las mayorías de las industrias, emplean la soja genéticamente modificada, pero ¿qué significa esto?

Bueno la producción de la soja es muy económica, la soja que se usa en el occidente es a la que llaman proteína aislada de soja, la pregunta del millón es ¿cómo se consigue esta proteína? Luego de eliminar la fibra con una solución alcalina, se colocan en tanques de aluminio, con un lavado de ácido que hace que los granos de soja absorban completamente el aluminio, por lo cual este quedará en el producto al finalizar el proceso, imagínate eso es una bomba de tiempo. Pero eso no está todo después de ese famoso lavado (ácido –aluminio) la soja es tratada con varios químicos más. Entre ellos también el nitrato que es uno de como precursores del desarrollo del cáncer.

Se han hecho varias investigaciones, y el aluminio está totalmente relacionado con el Alzheimer, también los niños en "El mundo de David" tienen niveles alto de metales pesados, entonces está claro que las soja debe permanecer lejos de su vida alimenticia.

Quizá no sabías, pero la soja es un bociogeno natural, tiene la capacidad de alterar la absorción del yodo y disminuir la función de la tiroides.

Los niños con el "mundo de David" como tienen la flora intestinal desequilibrada, y como sabemos eso influye en su sistema digestivo, con una carga grande de toxicidad, la mayoría de los niños sufre de hipotiroidismo, una cosa lleva a la otra esto quiere decir que su función tiroidea se encuentra dañada, y cuando las tiroides no están funcionando como tiene que ser, esto trae grandes problemas a los niños que están en la fase de crecimiento, inclusive anomalías en el desarrollo y maduración del cerebro.

Ahora que ya sabes que la soja no es aconsejable para tu hijo, te sugiero de todo corazón que evites este alimento. Qué sucedió, por qué siempre tanta controversia con la soja, es porque algunas investigaciones aconsejaban que la soja era buena para las mujeres con menopausia, es así como se disparó la comercialización de la soja, en el mercado.

Qué es lo que realmente estaba sucediendo, es que en Japón y otras culturas orientales estos beneficios de la soja para mujeres con menopausia se deben a la manera que tradicionalmente se utilizaba la soja: como una semilla entera o fermentada, también como el famoso tofu, miso, salsas de sojas y Tempeh.

Por eso muchas veces escuchábamos que era muy buena, otra veces que no, yo creo que hoy por hoy como todo está muy industrializado, y otra vez no tengo nada en contra de las industrias, pero sí estoy a **"favor de la salud"** del ser humano, por la falta de información, muchas veces no sabemos qué hacer, por eso es que siento que quiero que todo el mundo conozca la verdad que hay detrás de todos estos alimentos procesados para que tengamos opciones elegir y así puedas ayudar a tu hij@ dándole lo mejor.

Y también la vida queremos llevar, pero ya sabiendo decidir por nuestra propia cuenta, muchas veces los productos envasados no dicen toda la verdad en sus etiquetas, solo las cosas que son obligatorias.

Otra cosa a tener muy en cuenta, y quizás tampoco lo sabías, es que la soja cuenta con una sustancia llamada fitatos, y lo que te voy a contar ahora es increíble, pero el fitatos, tiene la habilidad de adherirse e impedir la absorción de estos minerales, particularmente del (calcio magnesio, hierro y zinc), entonces imagínate si ya tu hij@ está con deficiencia de minerales, como ya lo hemos visto y darle soja no sería una buena elección.

Más del 90% de la soja que se produce a nivel mundial está genéticamente modificada, y muy rara ver que lo describan en una etiqueta, así que es mejor deja lejos de la dieta diaria de tu hijo, y si quieres incluirlo más adelante cuando ya esté recuperado, tiene que ser de forma fermentada tradicionalmente o que sea orgánica, que no se haya modificado genéticamente.

El jefe del laboratorio Great Plains laboratorio el Dr. William Shaw dice que varias que se realizaron a niños en el "mundo de David" salen alérgicos a la soja, los resultados eran sorprendentes, porque salían altamente alérgicos de una manera alarmante, él recomienda que la soja no sea parte de los alimentos de los niños con "El mundo de David", ¡ese es el laboratorio en el cual mi mamá me hizo varios exámenes de alergia!

Entonces desde mi punto de vista y mi humilde opinión es decirle **NO** a la soja.

Comencemos con el primer paso, a continuación te contaré todo lo que hizo mi mamá para que yo diera unos pasos enormes en "El mundo de David". Hoy por hoy soy un niño que dejó atrás los llantos sin sentido, la idea de no querer usar ropas, las molestias de los ruidos muy fuertes, y también quedó en el olvido el no querer contacto con las personas, por eso iremos desarrollando, por pasos 1,2, y 3.

Para que tú puedas hacer exactamente con tu hijo de la misma manera.

¡En el próximo capítulo comenzamos!

Estilo de vida maravillosamente sano o dieta (DDMD) DIETA DEL MUNDO DAVID ♥

PRIMER, PRINCIPAL Y PRIMORDIAL PASO 1

COMO FUIMOS VIENDO A LO LARGO DE LA LECTURA TE FUI PREPARANDO PARA LLEGAR HASTA AQUÍ, ¡ES MI IMPORTANTE QUE NO TE HAYAS SALTADO NI UNA PÁGINA!

Para comenzar a limpiar y curar el intestino es importante lo siguiente:

PASO 1

RETIRAR LOS SIGUIENTES ALIMENTOS: El primer mes de inicio sacar todo lo que contenga gluten, caseína, colorante y conservantes, aditivos, vegetales con almidón, (yuca, papas, papa dulce o boniato, ñame), azúcares, gaseosas, nada que venga de paquete o comida congelada, todo los alimentos echo en casa lo más sano y si se puede orgánico mejor, si no consigues vegetales orgánicos dejar la verdura por 15 minutos en agua con un poquito de vinagre, nada que contenga caseína, o sea lácteos, ni quesos, ni embutidos, es muy importante comprometerse 100 por ciento para que la dieta de resultado, la dieta sí funciona si se hace al pie de la letra **"la dieta nunca falla, fallan las personas"** porque a veces pensamos que si interrumpimos solo una vez no pasa nada y no es así, eso es retrasar la curación del intestino.

Sigamos. Este mes vamos a comenzar únicamente introduciendo vegetales, (todo tipo de vegetales, menos los que contengan almidón) carnes, hígado, huevos, de la mejor calidad posible, para estar guerra ver las tablitas de alimentos en las páginas anteriores, todas las comida tiene que estar preparada lo más casera posible, sin agregar calditos en cubo ni en sobre, nada que pueda potenciar el sabor, si quieres puedes usar (orégano, perejil, albahaca en hojas natural, ajo cebolla) lo más casero que se pueda conseguir, en este paso también sacaremos las frutas momentáneamente, hasta que avancemos más.

El próximo mes seria el PASO 2, comenzamos de esta manera

* En las mañanas en ayunas un vaso de agua, el agua es recomendable que sea natural, es muy importante que sea filtrada o mineral, porque el agua fría les podría provocar contracciones en el estómago, agregar unas gotas de limón para ayudar a la digestión.

* Media hora antes de las 3 comidas principales **"agua de mar"**. Estos oligoelementos actúan

como o coenzimas, evita la deshidratación, y permite una regeneración celular, ¡manteniendo así un equilibrio bioquímico perfecto del cuerpo! De esta manera remineralizamos el cuerpo, esto es sumamente importante ya que los niños del "**Mundo de David**", sufren de deficiencia de minerales, debido a los patógenos, y como tiene disbiosis intestinal, es más difícil la absorción de los nutrientes y minerales.

Ver la tablita de agua de mar para analizar qué cantidad debe tomar según la edad de tu hijo.

* Caldo de hueso, pescado o gallina casera (hechos en casa) el caldo le dará los nutrientes necesarios para que crezca rápido la mucosa intestinal, también funciona como un calmante para la zona del intestino que este inflamada, por eso se viene usando hace miles de años, como medicina casera para curar el sistema digestivo, es **<u>primordial "el caldo" con la comida y entre comidas, eso le ayudara a curar el intestino.</u>**

¡Las recetas de los diferentes caldos las podrás encontrar en el recetario!

* Todos los platos principales desayuno, almuerzo y cena que contengan bastante grasa buena (y puede ser grasa de animal también), siempre cada comida fuerte que tenga grasa, es primordial para el cerebro. Y claro, verduras, en este primer paso es bueno que las verduras, y carnes sean guisadas, para que sea más fácil de digerir, y la verduras cocidas o al vapor.

El próximo PASO 3

En el paso 3 incluiremos el jugo de verduras, en las mañanas apenas tu niño despierta, si, le das agua con limón, esperas 20 minutitos, y le das agua de mar, habitualmente no desayunamos apenas nos levantamos entonces 10 minutos antes de la comida, le ofreces un jugo verde que te explicaré para qué sirve: es bueno que el jugo verde tome en ayunas, antes del desayuno, y también a media tarde, para que esas vitaminas sean mejor absorbidas, y también así poder desintoxicar el hígado, habitualmente los niños del "mundo de David" ¡tienen el hígado bastante cargado!

En este caso es muy importante que las frutas y verduras sean ecológicas, estos jugos terapéuticos es muy importante que los prepares 50% de vegetales y 50% de frutas, cuando son más pequeños podemos ir probando día a día cuchara a cuchara hasta que se acostumbren y lleguen a tomar ¡2 vasos de jugos por día! Y seguimos con lo mismo del paso 2 con el caldo de hueso, las grasas vegetales, pasar del paso 1 a 2 dependerá de cada niño, recuerda que cada uno es diferente siempre va depender de la composición de flora que contengan y en qué estado se encuentren. Seguimos con los caldos, grasas buenas y de animal.

* Esta vez vamos ir agregando las yemas de huevo cruda, primero es primordial hacer la prueba, que expliqué en las páginas anteriores, antes de ir a dormir, puedes hacerlo, separas cuidadosamente la yema de la clara, y pintas la muñeca del lado de adentro, lo dejas secar y te vas a dormir, si al otro día amanece rojo o te pica esa zona donde te pintaste es porque tienes alergia, muchas veces as personas suelen tener alergia solo a la clara y no a

la yema, o viceversa, pero la clara es la parte que puede provocar mayor reacción, porque contiene antígenos muy complejos y también la mayor cantidad de proteínas!

Paso 4 es el más completo, aquí vamos a juntar todos los pasos juntos

* En la mañana en ayunas un vaso de agua, el agua es recomendable que sea natural, es muy importante que sea filtrada o mineral.

* Media hora antes de las 3 comidas principales **<u>"agua de mar"</u>**. Ver la tablita de agua de mar, para analizar qué cantidad debe tomar según la edad de tu hijo.

* Esperas 20 minutitos, y le das agua de mar, habitualmente no desayunamos apenas nos levantamos, entonces 10 minutos antes de la comida, le ofreces.

* Caldo de hueso, pescado o gallina casera (hechos en casa), todos los vegetales como ya sabemos, sin almidón.

* Todos los platos principales desayuno, almuerzo y cena que contengan bastante grasa buena (y puede ser grasa animal también).

* Agregar las yemas de huevo crudas, lo puedes agregar en las comidas o lo puedes cocinar ligeramente o hervirlo, y que la yema todavía esté cruda.

* En este paso en particular, agregaremos el chucrut, ¿qué es el chucrut? Es un probiótico natural que se pude hacer en casa, es excelente para generar jugos gástrico, ya que los niños con "El mundo de David" tienen problemas de digestión, incentiva a las paredes del estómago a generar este jugo, contiene importante enzimas digestivas, vitaminas, minerales y bacterias probióticas, es un excelente remedio para curar el sistema digestivo.

En muy importante, comenzar, con una cuchara, el primer día, 1 sola cuchara, segundo día 2 cucharas y así sucesivamente, hasta que el organismo de tu niño pueda tolerar, incluir en las comidas, sopa, ensaladas, pero ¡OJO! Que la sopa o guiso no esté muy caliente, porque si no mata esa bacterias vivas, tiene que ser moderado, tirando a tibio casi frío ¿me entiendes?

Bueno, es muy pero muy importante ir incluyendo los alimentos paso a paso para ver cómo va reaccionando, por eso es bueno seguir todos los pasos y no saltarse ni un paso, porque si algo le cae mal ya sabrás qué fue lo último que incluiste en la dieta. Esta es una manera de llevar el control de todo lo que va comiendo, y conociendo el cuerpo de tu hijo.

Ahora pasaremos al 5to y último paso, es lo mismo, ¡pero incluiremos 2 alimentos con diferencia de semanas!

Paso número 5 último paso llegamos al "Estilo Maravillosamente sano" O Dieta del mundo David (DDMD)

En la mañana en ayunas un vaso de agua, el agua es recomendable que sea natural, es muy importante que sea filtrada o mineral.

* Media hora antes de las 3 comidas principales **<u>"agua de mar"</u>.** Ver la tablita de agua de mar, para analizar qué cantidad debe tomar según la edad de tu hijo.

* Esperas 20 minutitos, y le das agua de mar, habitualmente no desayunamos apenas nos levantamos, entonces 10 minutos antes de la comida, le ofreces.

* Caldo de hueso, pescado o gallina casera (hechos en casa) todos los vegetales como ya sabemos, sin almidón.

* Todos los platos principales desayuno, almuerzo y cena que contengan bastante grasa buena (y puede ser grasa animal también).

* Agregar las yemas de huevo crudas, lo puedes agregar en las comidas o lo puedes cocinar ligeramente o hervirlo, y que la yema todavía este cruda.

* Agregaremos el chucrut ¿qué es el chucrut? Es un probiótico natural que se pude hacer en casa, es excelente para generar jugo gástrico.

* En este paso también incluiremos los frutos secos y semillas, para que sea más fácil de digerir, es recomendable remojarlos, a muchos niños de "El

mundo de David" les cuesta digerir las semillas y los frutos secos porque contienen inhibidores de enzimas, por eso utilizamos el método de remojarlo siempre, una vez que dejas remojar por 12 horas, puedes poner el horno a 50 °C, deshidrátalo una vez que este frío ponerlo en un frasco de vidrio y listo para utilizarlo y sino, también puedes usarlo en el momento.

* En este quinto y último paso iremos agregando las frutas, asadas al horno comenzaremos con pera y manzanas. En este estilo de vida maravillosamente sano mi mamá implementó conmigo, es muy importante que esta dieta siga así por lo menos 24 meses.

Es importante haber curado bien el intestino para ir incluyendo otros alimentos, y también con todo lo que sabes creo que te volverías a plantear volver a comer como antes. ¡Ahora a continuación comenzaremos con el recetario!

Cada semana se pueden ir agregando alimentos nuevos, y observar bien los primeros días cuál es la reacción del niño.

La importancia de la suplementación en la vida de los niños del "mundo de David"

- LOS PROBIÓTICOS

- LOS ÁCIDOS GRASOS ESENCIALES

- LAS ENZIMAS DIGESTIVAS (ver página 97)

- EL ACEITE DE HÍGADO DE BACALAO

Los probióticos

¿Que son los probióticos?

Los probióticos son bacterias benéficas, que se pueden obtener por suplementos nutricionales o alimentos fermentados.

En las páginas anteriores hablábamos cómo se dañan aún más la flora intestinal, y con los "antibióticos" que anti significa **"contra"** y **biótico** "vida" y después tenemos a los probióticos que significa **pro** a **"favor" biótico "vida".**

El probiótico se puede conseguir, gracias a suplementos nutricionales y en forma de fermentación de alimento ya se practicaba hace miles de años, las personas fermentaban por ej. frutas, verduras, carnes, pescado y cereales, legumbres.

Cuando fermentamos alimentos, su sabor mejora y es mucho más fácil de digerir.

Bueno existen diferentes tipos de probióticos, son una gran familia de BACTERIAS BENÉFICAS.

HOY POR HOY podemos encontrar diferentes tipos y gamas de probióticos, se pueden comprar en polvo, en pastilla en cápsula, en bebidas.

Qué es lo que sucede, es que muchos de ellos no son tan potentes para un beneficio terapéutico, o a veces en las etiquetas no especifican las cepas bacterianas y la concentración de ella.

Para consumir un buen probiótico y de la manera correcta siempre es mejor consultar con un profesional que sepa bastante del tema.

Cuando consumimos un buen probiótico lo que ocurres es cuando entra en nuestro estómago comienza a destruir a las bacterias patógenas, y estas cuando mueren liberan toxina, por eso cuando muchas veces las personas, comienzan a tomar probióticos se sienten un poco cansado, o alguna reacción en la piel, hasta que se vaya adaptando por eso es bueno hacerlo poco a poco.

Un tratamiento con probióticos es bueno hacerlo por lo menos 6 meses, pero para los niños del "mundo de David" es bueno extender la toma de probióticos, ya que su organismo necesita más de bacteria benéficas en grandes cantidades, ¡para volver a poblar su intestino de bacterias autóctonas!

La clave es seguir la dieta sin interrupción, la dieta es súper importante mantenerla para no alimentar más a o patógenos.

Después mantenerlo siempre porque en realidad hoy por hoy este mundo moderno y automatizado el ser humano ya modificó hasta el agua, la comida, entonces es bueno que se tome una cierta cantidad de probiótico por día, pero justamente para hacerlo de esta manera que mejor que hacerlo en casa.

Uno de los que yo recomiendo, me encanta y es bien natural y completo, es el chucrut, encontrarás en el recetario cómo prepararlo.

Desde hace unos cuantos años atrás desde que aparecieron los antibióticos los probióticos fueron perdiendo fuerza en el mercado, pero por ejemplo tanto en Rusia, Escandinavia y Japón las bacterias probióticas se usan desde hace décadas para los seres humanos, en cambio en los países de occidente se usaron los probióticos en los alimentos de los animales, y así tuvieron muchos datos científicos de cómo la salud de estos animales iba mejorando. En las últimas décadas, hemos visto la popularidad que están teniendo otra vez los beneficios de los probióticos, en la salud de los seres humanos, por ej. sacan al mercado yogurt con probióticos, ¡y también hay más publicaciones científicas con este tema!

Los probióticos han sido utilizado más en trastornos gastrointestinales, aparte de los problemas gastrointestinales también se ha descubierto que los probióticos son buenos para:

Primera parte:

- Síndrome del intestino irritable

- Colitis sudmembranosa

- Enterocolitis necrosante neonatal

- Diarrea intratable de la infancia

- Diarrea del viajero

- Enfermedades inflamatorias del intestino

- Infeccciones por helicobacter

- Enfermedades inflamatorias del intestino

- Síndrome del intestino irritable: enfermedades de Crohn, colitis ulcerosa.

Otros tipos de enfermedades que el probiótico ayuda:

- * Mundo de David

- * Enfermedades autoinmunes

- * Infecciones clínicas

- * Diabetes

- * Artritis

- * Tuberculosis

- * Quemadura de diversos grados

* Hepatitis, cirrosis hepática y enfermedad biliar

* Infecciones virales crónica

* Infecciones urogenitales

* Alergias incluyendo tolerancia alimenticia

* Los cuidados post operatorios e intensivos en pacientes quirúrgicos y con pacientes con pérdida masiva de sangre

* Cáncer

* Meningitis

Estas son enfermedades que han tenido pruebas científicas de que el probiótico ayuda enormemente, en cambio si hablamos con más profesionales de medicina la lista sigue y sigue.

La pregunta es ¿cuáles son las bacterias que pensamos que son probióticos? ENTEROCOCCUSFAECIUM.

En este paso solo vamos a dar un pantallazo general no vamos a especificar mucho, a continuación voy a nombrar algunas de ellas: LACTOBACILOS, BIFIDOBACTERIAS, SACCHAROMECES BOULARDII, ESSCHERICHIA COLI (E.COLI) ENTEROCOCCUS FAECIUM O STREPTOCOCCUS FAECALI, BACILLUS SUBTILIS O BACTERIAS EDAFICAS.

Estas eran algunas bacterias benéficas, ¡para que cuando quieras comparar algún probióticos sepas que elegir!

A la hora de elegir un buen probiótico ¿qué tenemos que tener en cuenta?

Si vamos a consumir probióticos, comprados de alguna tienda o herboristería es importante tener en cuenta que debe tener la cantidad de bacteria benéfica posible.

En nuestro intestino contamos con centenares de especies diferente de bacteria, entonces a la hora de consumir probiótico debe asemejarse a esta composición, lo más parecido posible, lo que más se asemeje a esta composición.

Como sabrás las bacterias tienen debilidades y fortalezas entonces al mezclarlo podemos obtener mayor beneficio.

Es muy importante la mezcla de diferentes cepas de grupo de bacterias probióticas, siempre será de mayor beneficio mesclar diferente sepas que consumir una sola.

Si combinamos 3 cepas, vamos a lograr un beneficio todavía mayor, por ejemplo: lactobacilos, bifidobacteria y bacillus subtilis.

Un probiótico bueno debe tener una alta concentración de bacteria, por lo menos ocho millones de bacterias vivas por gramo, si quieres ver una gran diferencia en tu salud debes consumir una grandes dosis de bacterias probióticas al día.

El que fabrica los probióticos debe someter a prueba cada lote ya si de esta manera poder comprobar su concentración, composición y así poder publicarlas las pruebas de ese resultado.

Tenemos que tener en cuenta cuando comenzamos a introducir probióticos a nuestro organismo o en el caso de los niños del "mundo de David", debemos hacer de a poco y tener en cuenta que siempre habrá una crisis curativa, porque al ingresar estas bacterias benéficas en grandes cantidades, comenzará a destruir a estos patógenos, virus, hongos, parásitos, y cuando estos inquilinos mueren suelen liberar toxina, así que esos días posiblemente depende qué desafío tenga, ya sea hiperactividad, "mundo de David" o algún otro desafío, esos días se acentuará más su diagnóstico. Otros síntomas también pueden tener reacción cutánea o cansancio más de lo normal, eso duran hasta que el cuerpo se vaya acostumbrando,¡ puede ser entre unos 3 días o una semana!

Nos mantenemos en dosis mínima y si no tiene reacción vamos subiendo la dosis y otra vez lo observamos, de esta manera vamos subiendo hasta llegar a la dosis recomendad. ¡A algunas personas le lleva semanas, a otras meses!

Este proceso es muy individual, dependerá siempre del desequilibrio que se encuentra el intestino de esta persona.

DOSIS RECOMEDADA SEGÚN LA EDAD

EDADES	cantidad de probióticos diarios
UN ADULTO	15 a 20 mil millones de bacterias vivas
UN BEBÉ DE HASTA DOCE MESES	1 a 2 millones de bacterias vivas
UN NIÑO DE 1 A 2 AÑOS	2 a 4 mil millones de bacterias vivas
UN NIÑO DE 2 A 4 AÑOS	4 a 8 mil millones de bacterias vivas
UN NIÑO DE 4 A 10 AÑOS	8 a 12 mil millones de bacterias vivas
DE 12 A 16 AÑOS	12 a 15 mil millones de bacterias vivas

Una vez que la persona haya alcanzado la dosis recomendad, es bueno mantenerlo por lo menos 6 meses, es el tiempo que se necesita para eliminar a las bacterias patógenos, y se comience a restablecer la flora intestinal del intestino, es realmente muy importante mantener la dieta, porque si alimentamos a los patógenos con azúcares y almidones, carbohidratos procesados, el consumo de probióticos no servirá de mucha ayuda.

En el caso de los niños del "mundo de David" es importante seguir tomando probióticos por varios años más, y usar el mismo sistema que al principio, ir disminuyendo poco a poco, hasta llegar a una dosis gradual, donde se pueda mantener un equilibrio.

Los ácidos grasos esenciales

Nuestro organismo es capaz de producir mucho, ácido graso pero existe uno en particular que es incapaz de generar, estos son los ácidos grasos esenciales.

¿Por qué lo llamamos de esta manera? Justamente su nombre lo dice todo, son esenciales porque no podemos vivir sin ellos, entonces debemos obtenerlos a través de los alimentos; estos son los ácidos de omega 3 y omega 6, cada célula de nuestro organismo depende de ellas para que pueden funcionar correctamente.

Estas grasas cumplen funciones muy importantes en nuestro organismo, desde niveles más básicos hasta niveles realmente muy complejos, nuestro cuerpo y cerebro están formados por estas grasas en cierta medida.

Muchas investigaciones y tratamientos que se han hecho con los omega 3 y omega 6 en diferentes desafíos como "el mundo de David", trastornos obsesivos compulsivos, dislexia, dispraxia, depresión, TDA, infecciones, cáncer, e incluso esquizofrenia, y han demostrado unos excelentes resultados.

Como ya mencionamos en las páginas anteriores, hay muchos alimentos procesados hoy en día, entonces muchos de nosotros no llevamos una dieta rica en ácidos grasos esenciales, entonces las mejor manera es añadiendo a nuestra dieta diaria.

OMEGA 3 = ácido alfa-linoleico o ALA

Podemos encontrar en el aceite de lino, aceite de cáñamo, aceite de chía, por ejemplo también podemos encontrar en los frutos secos en cantidades más pequeñas, semillas de calabaza, salvado de arroz, yema de huevos, verduras de hojas verde, grasas animales y aún más en animales salvajes, y la por supuesto en leche materna.

OMEGA 6 = ácido linoleico o LA

Podemos encontrar en el aceite de girasol, aceites de onagra, nuez, cártamo, cáñamos y también en casi todas las semillas y en absolutamente todos los frutos secos, incluso en las yema de huevo pero poca cantidad, y también en la leche materna.

Resumiendo un poco el tema, los grasos ALA Y LA reciben este nombre, porque son "ácidos grasos progenitores"

A partir de estos dos principales ácidos grasos nuestro cuerpo humano que esté sano puede comenzar a producir otras grasas que luego utilizamos en casi todas las células de nuestro cuerpo cumpliendo funciones muy importantes.

El aceite de hígado de bacalao

Dese hace siglos, las poblaciones del norte de Rusia, Islandia, Escandinavia, Groenlandia, Escocia y Canadá promueven los hígados y las vísceras del pescado y consumen y también el aceite que queda del proceso que han hecho la fermentación.

Este famoso aceite de bacalao ha estado entre nosotros por muchos años, durante la época Romana se usaba un producto llamado "garum" (salsa de pescado fermentado).

Este famoso "garum" se preparaba fermentando los hígados y las tripas de pescado, se utilizaba como alimento y también como medicamento.

En el siglo XVIII los médicos europeos comenzaron a utilizar el aceite de hígado de bacalao como medicina.

Si preguntas en tu entorno, muchas personas adultas recuerdan cómo cuando eran pequeños su padres les daban a diario una cuchara de aceite de hígado de bacalao para mantenerlos santos y fuertes.

Los maravillosos beneficios que tiene el aceite de hígado de bacalao para la salud: nos aporta ácidos grasos esenciales omega 3 (DHAY EPA), colesterol, vitamina A y vitamina D.

Para los niños de "el Mundo de David" el aceite de hígado es excelente, lo primordial es encontrar un buen aceite, porque los que producen en la actualidad son muy diferentes a los aceites de hígado de bacalao de antes, sabes que antes no existía tantos procesos químicos como ahora, hoy por hoy la extracción del aceite la hacen con presión, refinación alcalina, solventes, decoloración, desodorización.

El tema con la mayoría de la producción industrial del aceite de hígado bacalao es que durante el proceso de destruyen la mayoría de las vitaminas A y D del aceite.

Cuando sucede esto lo que hacen es reemplazar esas vitaminas con equivalentes sintéticos, en diferentes cantidades.

Algunas empresas que fabrican agregan vitamina A y D naturales, aunque cada vez menos industria practican este proceso, en cambio otras agregan equivalentes sintéticos al ser más económico.

Es realmente muy importante conseguir un buen aceite de hígado de bacalao, como suplementación, para los niños del "mundo de David", y el mejor método es producido por métodos tradicionales de fermentación.

LAS MEJORES RECETAS DE LOS SABORES DE MI MUNDO

☺♥☼

Recetario "Estilo de vida maravillosamente sano" o dieta del mundo David (DDMD)

El recetario es solamente para que tengas idea de cómo combinar los alimentos, te daré de 3 a 5 ejemplos de cada uno y después te dejo a tu libre imaginación, siempre usando los ingredientes permitidos, y sé que te volverás una experta en el campo de la alimentación ☺

A continuación, te contaré la importancia de los alimentos crudos, vegetales, hortalizas, frutas como consumirlos.

Batidos mágicos

En las páginas del primer libro hablamos la importancia, de consumir verduras, hortalizas frutos secos, grasas de las buenas, semillas; ahora quiero compartir contigo los beneficios de tomar un rico jugo de verduras y frutas en las mañanas, no es tan malo como estás pensando, al principio la veía a mi mamá tomarlo y no podía creer, hoy por hoy yo también lo tomo, y ya me gustan porque son dulces, eso todavía es un misterio ¿cómo las verduras pueden ser dulces? Eso lo iremos descubriendo poco a poco, los beneficios de los alimentos naturales especialmente verduras ecológicas, lo ideal es ingerirlas crudas, en grandes cantidades, lo más fresco y orgánico posible, de esta manera nos aseguramos de que nuestro cuerpo absorba suficiente vitaminas, minerales, enzimas, oligoelementos y fibras también ayuda a oxigenar la sangre.

Consumir grandes cantidades de jugos de verduras nos

ayuda a equilibrar el pH del organismo, también es excelente para desintoxicar el hígado.

Es muy importante que las verduras sean ecológicas, libres de pesticidas.

Alimentos: Zanahoria, apio, brócolis, pimiento, espinacas, limón, cebolletas, jimote, lechuga, caqui, naranja enana, mango, albaricoque, contienen **vitamina "A"** y mejoran el sistema inmunológico, previene diversas enfermedades de la piel, inflamaciones, úlcera gástrica, y Ulcera duodenal.

Alimentos: sandía, albaricoque, zanahoria, limón, betabel, perejil, mango, contienen **BETACAROTENO** y previenen la dermatitis atópica, asma inflamaciones, resfriado común.

Alimentos: col rizada, ajonjolí, castaña, piñones, nuez, semillas de girasol, cacahuete, pera, contienen **vitamina B1 y** alivian la tensión, previenen el deterioro de la memoria.

Alimentos: almendras, apio, pera, diente de león, col rizada, contienen **vitaminas B2** y previenen la pérdida de cabellos, el deterioro de la memoria, alivian la tensión.

Alimentos: aguacate, melón, fresa, coliflor, espinacas, naranja, higo, plátano, kiwi, contienen **ÁCIDO FÓLICO** y previenen la anemia, escamosidades, colitis ulcerosa.

Alimentos: guayaba, mandarina, limón, col rizada, toronja, frambuesa, fresa, mora, raíz de loto, contienen **vitamina C** y previenen la depresión, anemia, alivian la alergia, el estrés, enfermedades autoinmunes y el envejecimiento.

Alimentos: almendras, semillas de girasol, cacahuete, espinaca, pimiento, arándanos, kiwi, apio diente de león, piñones, nuez, col, contienen **vitamina E y** previenen el asma, menopausia, calambres musculares, Alzheimer, úlcera gástrica.

Alimento: cacahuete, semilla de calabaza, semilla de girasol, plátano, contienen **ZINC** y previenen diabetes, artritis, inflamación, alergia, resfriado, enfermedades de la piel.

Alimentos: melón, caqui, col rizada, rábano, espárragos, espinaca, brócolis, betabel, cebollín, contienen **SELENIO** y previenen la migraña, asma, la dermatitis atópica.

Alimentos: apio, diente de león, lechuga, uva, mora, ajonjolí, betabel, espinacas, contienen **HIERRO** y previenen el deterioro de la memoria, alivio de la anemia, mejoran la concentración.

Alimento: melón oriental, plátano, naranjo, jitomate, kiwi, lechuga, espinacas, cebollín, col, diente león, contienen **POTASIO,** alivio de la presión arterial, calambres musculares y el estrés, previenen la diabetes y la inflamación.

Alimentos: limón, toronja, mora, naranja, higo, membrillo, hojas de rábano, col rizada, contienen **CALCIO,** alivio de la depresión post parto, prevención de la osteoporosis.

Alimentos: arándanos, kiwi, granada, semillas de calabaza, coliflor, espinacas, piñones, contienen **vitamina K.**

Esta es una lista donde podrás tomar lo que más te gusta y lo que más te convenga para tu salud; en mi caso consumo poco y nada de frutas, porque estoy haciendo un protocolo que todavía no puedo ingerir frutas muy de seguido, pero para ti que puedes beneficiarte usa estas páginas para ir elaborando diferentes zumos, puedes consumirlo dos veces al día o la cantidad que te apetezca.

¡A continuación les quiero seguir compartiendo los descubrimientos que fui encontrando en la alimentación!

> "Mantener la buena salud del cuerpo es un deber por lo que no debemos descuidar, el conocimiento, y mantener nuestra mente fuerte y clara. El agua rodea la flor de loto pero no moja sus pétalos"

BUDA

Las deliciosas recetas

Los jugos de vegetales proporcionan grandes cantidades de vitaminas y minerales, y uno de los más grandes aportes del jugo verde es la clorofila, la clorofila es conocida por su químico fundamental y natural de las plantas, si tomamos una gran cantidad de jugo verde que se preparan con hojas y plantas, de ahí sale su aporte de clorofila que ayuda a oxigenar la sangre, al producir mayor hemoglobina. También es reconocida por ser un potente desintoxicante y ayuda a reducir el colesterol, tienen poco efecto sobre el azúcar debido a que los vegetales normalmente son bajos en azúcar, en cambio los jugos de frutas nos ofrecen un sabroso regalo lleno de nutrición, pero alto contenido de azúcar, lo ideal es mezclarlo para logar un equilibrio, más cantidades de vegetales y menos cantidad de frutas azúcar.

1- Jugo "dulce corazón" ♥

Este jugo es muy particular porque es únicamente de frutas, aquí combiné frutos del bosque, son súper alimentos, ya que contienen poca azúcar, se podría decir que están llenos de vitaminas y nutrientes con súper poderes, alto contenido en antioxidante, combate los radicales libres que degeneran las células, evitan muchas enfermedades, y retardan el envejecimiento.

Ingredientes: fresas, moras, arándanos, moras, manzanas rojas.

Modo de preparar: lavar los frutos del bosque, colocarlos en una licuadora, un poco de hilo y medio vaso de agua, licuarlo y listo para disfrutarlo ☺

2 -Jugo "sonrisa de primavera" ☺

Ingredientes: 2 ramitas de apio, ½ pepino, un puñado de lechugas y limón.

Opcional -naranja

      -toronja

Beneficio es una bebida muy refrescante para el verano, gracias al pepino con su efecto diurético y el apio que contribuye una buena fuente de potasio, la lechuga es rica en fibra magnesio y calcio, y la naranja con su potente y maravilloso antioxidante y "vitamina c".

Modo de preparar:

Lavar las verduras y frutas si es que lo desea colocar en la licuadora, agregar medio vaso de agua, licuarla ¡y listo para saborearla!

3-Jugo "verde verano"

Ingredientes: un trocito de jengibre el tamaño de tu dedo pulgar, un puñado de espinacas, un puñado de perejil, 1/pepino mediano.

Opcional -una rodaja de piña

-media manzana verde

Beneficios: el perejil es excelente para sacar metales pesados del cuerpo, el jengibre es único por su efecto desinflamante, el pepino está compuesto el 95 por ciento de agua y actúa como diurético y la espinaca es un alimento rico en triptófano, un buen nivel de triptófano ayuda a estabilizar el sistema nervioso, y disminuye estrés, depresión, ansiedad.

Modo de preparar: lavar bien las verduras colocar en una licuadora, y si la prefiere bien fría, agregar hielo y medio vaso de agua, licuarlo y servirlo, ¡listo para disfrutar!

4-Jugo "ilusión de melón"

Ingredientes: 4 ramitas de espárragos, 2 ramitas de apio, un puñado de espinacas, un puñado de menta

Opcional -¼ melón

-1 pera

Beneficios: los espárragos aportan alta cantidad de fibra, se destaca por su gran aporte de minerales, y alta cantidad de antioxidante, la menta es excelente para una buena digestión y el melón por su alto contenido en potasio ayuda al sistema nervioso y muscular.

Modo de preparar: lavar bien las verduras colocar en una licuadora, y si la prefiere bien fría, agregar hielo y medio vaso de agua, licuarlo y servirlo, ¡listo para disfrutar!

5-Jugo "rayo de sol" ☼

Ingredientes: un puñado de kele o col rizada, 2 ramitas de apio, medio pepino mediano, y 1 cúrcuma.

Opcional -mango

    -Papaya

Beneficios: el kele o col rizada es el rey de los vegetales por sus grandes propiedades, contiene 10 veces más vitamina c que la espinaca, contiene mucho ácido fólico, ácidos grasos, y omega 3 aunque en menor cantidad que el pescado, la conocen como la verdura "milagrosa", el apio que contiene gran cantidad de potasio, la cúrcuma ha sido revelada como una planta prodigiosa, alto en antioxidante, digestiva, desintoxicante, y mucho más y el mango considerado una súper fruta, con increíble beneficio para la salud, por su alto contenido en antioxidante.

Modo de prepararlo: Lavar las verduras y frutas colocar en la licuadora, agregar medio vaso de agua y hielo, licuarla ¡y listo para saborearla!

Ahora entenderás su nombre, "rayo de sol" es tan importante y primordial como el ☼

Caldo de hueso

Caldo de hueso: se puede hacer de (vacuno, cordero, cerdo) ya que cada caldo será diferente sabor y composición nutricional diferente. En una olla grande colocar, llenar la olla de agua, 10 mg de pimienta y sal a gusto (es importante utilizar sal de mar o Himalaya sin procesar) poner la cocina al máximo, cuando alcanza su primer hervor, bajar la llama a mínimo y dejar por lo menos 3 horas hirviendo.

Los huesos y las articulaciones son muy importantes, son los que enriquecen el caldo, ya que la carne por sí sola no lo tiene, cuanto más tiempo de cocción, más nutrientes tendrá ese caldo, una vez que esté listo, separamos el hueso del caldo, lo colamos por las dudas si tiene huesos pequeños, dejamos enfriar, y podemos guardarlo en el refrigerador durante 7 días, de ahí vamos sacando para hacer diferentes sopas, ya sean de verduras, calabaza, carnes, o simplemente cocinar.

Caldo de pollo o gallina: en el caso del caldo de grande se puede usar un pollo entero o la mitad.

Llenar la olla de agua, 10 mg de pimienta y sal a gusto (es importante utilizar sal de mar o Himalaya sin procesar) ponemos la cocina al máximo, cuando alcanza su primer hervor, bajar la llama a mínimo y dejar por lo menos de una hora y media a dos horas hirviendo. Una vez que está listo lo separamos la carne y los huesos pasamos por el colador y una vez frío lo guardamos en el refrigerador. Ese caldo podemos usar para hacer sopas de verduras, guisar pollo como estofados, ¡como más nos guste!

Caldo de pescado: es un poquito diferente en este caso utilizaremos, la cabeza, las aletas, la piel, el espinazo del pescado, sacaremos la carne para poder hacer otra comida, entonces una vez que tenemos todo eso en la olla lo llenamos de agua siempre filtrada o agua mineral, ponemos la cocina al máximo, cuando alcanza su primer hervor, bajar la llama a mínimo y dejar por lo menos una hora a una hora y media, ¡colocamos pimienta y sal a gusto! Una vez que está listo lo separamos la carne y los huesos pasamos por el colador y una vez frío ¡lo guardamos en el refrigerador!

> Para hacer todos estos caldos está prohibido usar sopa en sobre y cubitos de caldos ya que contienen muchos colorantes, conservantes, aditivos, que son muy dañinos para la salud.

Todos estos caldos son la base para cualquier tipo de comida, cuando quieres cocinar sacas un poco de ese caldo del refrigerador, y puedes cocinar lo que quieras hacer para tu niño, ya sea de verduras, de calabaza, si quieres le puedes agregar, carne, pollo y quieres hacer de verduras.

El caldo de carne se usa desde hace miles de años como medicina para curar dolencias relacionado al estómago, también es muy nutritivo rico en minerales, vitaminas, y aminoácidos.

Cuando cocinas una sopa de cualquier sopa que mencionamos recientemente, puedes darle un toquecito de hervor y colocarle 1 ajo picado, tapar la olla y dejar reposar antes de servir.

Para que sea una súper sopa deliciosa, se pueden agregar varias cositas extras si es que lo deseas, una vez que lo sirvas en el plato le puedes agregar, aguacate picado, huevo duro picado, hígado cocido picado, perejil, cilantro, ¡eso sería un extra para que quede más delicioso todavía!

Ensalada

1-Ensalada mixta

Un puñado de espinaca

Un puñado de lechuga

Un aguacate cortado

Unos gajitos finos de cebolla

Una pequeña remolacha

Mezclamos todos los ingredientes juntos, condimentamos con sal, aceite de oliva o aceite de aguacate a su gusto.

2-Ensalada pepino y tomate

1 pepino mediano

2 tomates

2 ramas de apio

Un puñado de perejil

Un puñadito de nueces de Brasil picadas

Pelar y sacar toda la semilla del pepino, cortar en finas rodajas, pelar y sacar toda la semilla del tomate, cortarlo en pequeñas rodajas finas, el apio se puede rallar para que sea más fácil para tu hij@ poder masticar y digerir, por último agregar la nuez picadas con algún robot de cocina, rociarlo arriba de la ensalada y condimentar con sal, aceite de oliva a gusto.

3-Súper ensalada rusa

2 zanahoria grandes

1 remolacha mediana

2 huevos hervidos

¼ de calabaza

Un puñadito de cilantro

Cocinar la remolacha al vapor hasta que este blanda, comprobar atravesándole un cuchillo, cortar la zanahoria primero, una vez que esté blanda agregar la calabaza, una vez listo y frío cortar todos en pequeños cuadraditos, hervir el huevo, poner en una fuente todos los ingredientes, agregar el huevo picado, el cilantro picado, condimentar con aceite de oliva sal, pimienta negra a gusto ¡y a disfrutarlo!

4-Ensalada cesar

Media pechuga de pollo

Un puñado de lechuga

4 fetas de Tocino o panceta

Un puñado de kale o col rizada

2 ajo crudo

1 aguacate grande

Media taza de aguacate

Cebollín en hojas

Se cocina la pechuga con un poquito de aceite de coco, y ajo, por otra lado en otra sartén vas cocinando el tocino no necesita de aceite porque vamos a usar el tocino natural, luego cortas la lechuga y la col rizada, lo colocas en un bol, una vez lista la pechuga la dejas enfriar, mientras que la pechuga va enfriando, vamos hacer puré del aguacate grande, le colocamos 1 ajo picado y el cebollín picado, y el tomate cortado en pequeños cuadraditos sin semillas y sin piel, hacemos el famoso guacamole pero a ese guacamole le agregamos la media taza de almendras trituradas, mezclamos todo junto, las hojas verdes, la pechuga cortadas en cuadraditos, y ese aguacate, y se le puede agregar aceite de oliva y sal a gusto y de corazón te deseo que los disfrutes♥

5-Ensalada Mágica

Un puñado de repollo

Un puñado de espinacas

Un puñado de lechuga

1 zanahoria

Un puñadito de almendras

1 aguacate maduro

1 manzana verde

Cortamos el repollo o col, la espinacas, colocamos en un recipiente rallamos la zanahoria para que sea más fácil masticas y digerir, agregamos el aguacate en el centro cortado en gajitos largos, la ensalada, y un puñadito de almendras enteras, lo mezclamos todo, y condimentamos sal, pimienta y limón ¡y listo a saborearlo!

1-Tartaletas de verduras:

Es una buena manera que tu niño o tu familia coman bastante verduras, grasa buena, semillas, frutos secos y algo de proteína es bastante completo, lo puedes utilizar también como sustituto de pan y también en vez de (arroz, pasta, o cualquier carbohidrato que estabas acostumbrada a usar antes. Es magnífico también para snack acompañado de guacamole, o paté de hígado, en las próximas páginas las recetas.

200 gr de tocino natural fresco

1 cebolla mediana

2 dientes de ajo

1tallo de puerro

Medio brócolis

Media taza de almendras

Media taza de semillas se calabazas

3 huevos

En una sartén, con manteca de cerdo, picas el tocino natural en forma de cuadraditos, una vez que va tomando color doradito, agregas, la cebolla picada el puerro, lo dejas a fuego lento hasta que verás las verduras estén tiernas, le agregas, el brócoli solo la parte de la flor, sin el tallo, ya que el tallo tiene más fibras y es más difícil de digerir, colas el ajo picado, lo dejas por 5 minutos más ¡y lo tapas!

Mientras tanto vas haciendo harina de las almendras y las semillas de calabaza, en un robot de cocina, como un molinillo de café o un triturador de semillas, una vez listas las semillas colocas, en un bol, viertes el preparo de la sartén con el tocino y las verduras, coloca 2 huevos y lo mezclas todo hasta que quede un masa homogénea suelta.

Precalientas en horno un rato antes, después lo bajas a 180 grado y en un recipiente de vidrio untado con manteca, lo colocar al horno, de 35 a 40 minutos depende de lo crocante que le guste a tu hij@.

Espero que lo disfrute, son uno de mis favoritos.

2-Tartaleta de primavera

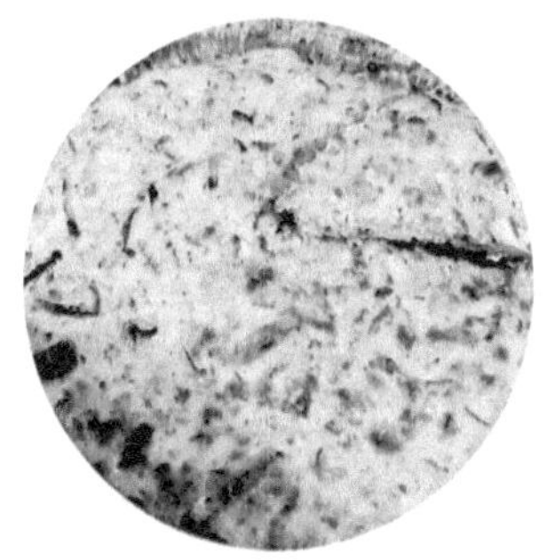

200 gr de carne de cordero

Medio zapallo o calabaza

1 zuccini o calabacín

Media coliflor

1 cebolla grande

2 dientes de ajo

Media taza de Semillas de girasol

Media taza de Avellanas

3 huevos

Con la misma grasa del cordero comienzas a cocinar el cordero, previamente cortado en pequeños cuadradito, lo dejas cocinar hasta que la carne este tierna, entonces le agregas, la cebolla cortada lo más pequeño posible así a la hora que tu hijo coma este no sea un impedimento ya que son muy quisquillosos a la hora de comer, una vez que la carne esté tierna, le agregas el zapallo, cortado en pequeño cuadradito, y lo cocinas por 10 minutos más, luego le agregas el calabacín y el coliflor rallados, 2 dientes de ajos picados lo cocinas por 5 minutos más lo tapas ¡y lo dejas reposar!

Mientras tanto irás haciendo las harinas de las semillas de girasol y avellanas en algún robot de cocina (molinillo de café o triturador de semillas).

Una vez listas las semillas y las avellanas colocas, en un bol, viertes el preparo de la sartén con el cordero y las verduras, colocas los 3 huevos y lo mesclas todo hasta que quede un masa homogénea suelta.

Precalientas en horno un rato antes, después lo bajas a 180 grado y en un recipiente de vidrio untado con manteca, lo colocar al horno, de 40 a 45 minutos depende de lo crocante que le guste a tu hij@.

¡Y listo a saborearlo!

Una vez listas las semillas colocas, en un bol, viertes el preparo de la sartén con el tocino y las verduras, coloca 2 huevos y lo mesclas todo hasta que quede un masa homogénea suelta.

Precalientas en horno un rato antes, después lo bajas a 180 grado y en un recipiente de vidrio untado con manteca, lo colocar al horno, de 35 a 40 minutos depende de lo crocante que le guste a tu hij@.

Platos principales

1-Mixto de carne con aguacate

Aquí tenemos, una porción de tartaleta, carne mixta vacuna con cerdo, y aguacate

Preparo de la carne, como estos son ejemplo y ya vimos cómo se preparan las tartaletas de verdura y te explicaré cómo hice la carne.

100gr de carne vacuna

100gr de carne de cerdo

Media cebolla

Una rama de puerro

2 ajos

1 tomate pequeño

En una sartén coloque la manteca de cerdo y coloque las 2 carnes, la vacuna y la de cerdo lo cocinas hasta que están bastaste blandas, le agregas media cebolla picada, tomate pequeño cortado en cubo, puerro cortado en pequeños trocitos y los cocinas por 10 minutos en fuego bastante bajo, ¡apague la cocina y déjelo reposar!

Por otro lado va cortando el aguacate, lo coloca en el plato que va servir, también la tartaleta corta en cuadrados medianos como se ve en la foto, con una cuchar sirves la porción de la carne mixta preparada, si quieres le puedes agregar sal, pimienta, negra y aceite de oliva antes de llevar a la mesa. A saborearlo, es súper delicioso.

2-Fideos de calabacín con salsa de pollo

300 gr de muslo de pollo

1 cebolla mediana

1 zanahoria media

1 tomate pequeño

2 dientes de ajo

2 calabacín mediano

Un trozo de zapallo

Unas hojas de Albahaca fresca

Cortamos media calabaza untamos con manteca de coco y lo llevamos al horno a 180 grados por 45 minutos, por otro lado comenzamos con el resto.

Este maravilloso fideo de calabacín es súper fácil, en una sartén colocas aceite de coco, picas el pollo en pequeños cuadraditos, y lo pones a cocinar, hasta que estén doraditos, una vez que están dorados bajas el fuego, si necesitas más aceite de coco lo colocas más, y lo dejas cocinar hasta que el pollo este bien guisado y suave, cortas la cebolla y el ajo y lo juntas con la carnes lo revuelves, esperas 10 minutos más, y luego colocas la zanahoria rallada, el tomate, dejas otros 5 minutos más.

Por otro lado con un aparatito para hacer fideos de vegetales vas haciendo los fideos, si no tienes, puedes usar el rallador pero deslizar el calabacín de largo, y saldrán unos fideos largo, eso fideos los colocas arriba de la salsa y lo tapas, lo dejas otros 10 minutitos más hasta que el calabacín este blando y lo sirves, luego lo sirves, en el plato con dos porciones de calabaza al horno! Normalmente para esta receta coloco la sal de Himalaya cuando lo sirvo en el plato, ¡porque si no el calabacín queda aguado!

3-Tocino primaveral

En una sartén colocar el tocino natural, cortados en pequeños cuadraditos, una vez dorados, cortar media cebolla morada, e ir agregando al preparo, como ya sabes las recetas de las tartaletas, lo cortas en pequeños cuadraditos, en el mismo preparo, agregar 2 huevos y apagas la cocina, lo tapas y lo dejas reposar por 5 minutos para que solo se cocine la clara y ¡no la yema!

Como verás en todas mis recetas es infaltable el huevo y el aguacate, el aguacate puede comer la cantidad que le apetezca cuanto más, mejor, de 2 a 4 aguacates por día.

Estofado de carne con calabacín

Receta 300 gr de carne de ternera

1-cebolla grande

3-dientes de ajo

2-zanahoria mediana

2-calabacines grandes

Medio pimentón verde

2-cucharas de manteca de cerdo

En una sartén agregar 2 cucharadas de grasa de cerdo, picar las carnes de ternera y colocar en la sartén, una vez doraditas las carnes, bajar la llama, e ir agregando la cebolla y el pimentón previamente cortado en cuadradito pequeños, una vez que las verduras estén débiles, agregar la zahoria rallada, los 2 calabacines cortados en rodajas y el ajo cortado en cuadrados muy pequeñitos, cocinar por 7 minutos a un fuego moderado, después tapar y dejar reposar, que se termine de cocinar con el calor de la olla, por último lo puedes agregar sal y pimienta al gusto.

Platos dulces y postres

Tarta de nueces y cáñamo con mermelada de manzana

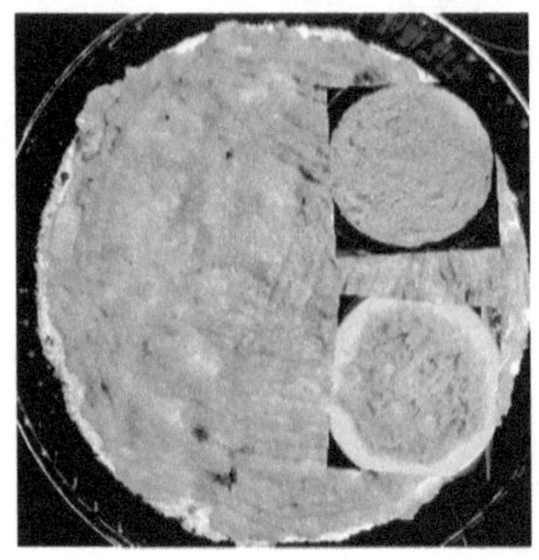

Súper mega simple

2 huevos

Media taza de cáñamo

Media taza de nueces

2 cucharas de manteca de coco

Procesas las nueces y el cáñamo lo colocas en un bol le agregas las 2 cucharas de manteca de coco, los 2 huevos, hasta que la masa se unte bien y poner en un recipiente previamente untado, llevar al horno por 45 minutos a 180°.

Con esta masa se pueden hacer muffin, galletas, masa de pizza lo que desees, ¡ya sabes si quieres endulzar un poco más le agregas unos dátiles!

Manzana al horno

Lavar 2 manzanas orgánicas, y en una fuente de vidrio untar manteca de coco, y llevar al horno por 25 minutos a 200° es ideal, para snack eso cuando la dieta esta más avanzada, NO ES NECESARIO agregar nada ni miel ni azúcar.

Para hacer mermelada, haremos lo mismo, solo agregaremos más cantidad de manzana, queramos hacer de 6 a 8 manzanas, para usar en tartas, ¡o para untar con pan de almendras!

Budin de calabaza y pera al horno

1 tazón de almendras

1- tazón de semillas de calabaza

2- peras

2 zanahorias

4-huevos

4-cuchara de manteca de coco

Primero es lo primero, llevar 2 peras bien maduras al horno por media hora a 180° una vez que ya estén listas hacer puré y en ese mismo recipiente, untar manteca de coco. Por otro lado en un robote de cocina hacer las harinas de las almendras y las semillas de calabaza, una vez lista verterlo en un bol, luego en un procesador añadir las zanahorua cortadas, los 4 huevos y 4 cucharas de manteca de coco, una vez que terminas de procesar añadir a la masa, hasta que quede homogénea suelta, mezclar hasta que no quede grumo, luego colocar en el recipiente premievamente enmantecado y llevar al horno, por 45 minutos a 180 ° y listo, después de retirarlo dejar enfriarlo, ¡y listo para disfrutarlo!

Biscochuelo de zanahoria

Receta

2- zanahorias medianas

3-huevos

2 tazas de avellana

Media taza de semillas de girasol

3-dátiles

En un triturador de semillas haces las harinas de las avellanas y las semillas de girasol, por otro lado en un procesador agregas las 2 zanahorias previamente cortadas,
los 3 huevos y los dátiles, una vez listo, colocas la harinas en un bol, agregas el preparo de la zanahoria, lo revuelves hasta que quede una una masa homogénea, en
una fuente de vidrio previamente untada con manteca
de coco, viertes el preparo, lo llevas a la horno, por 45
minuros a 180°.

Mermelada de manzana con biscochuelo de zanahoria

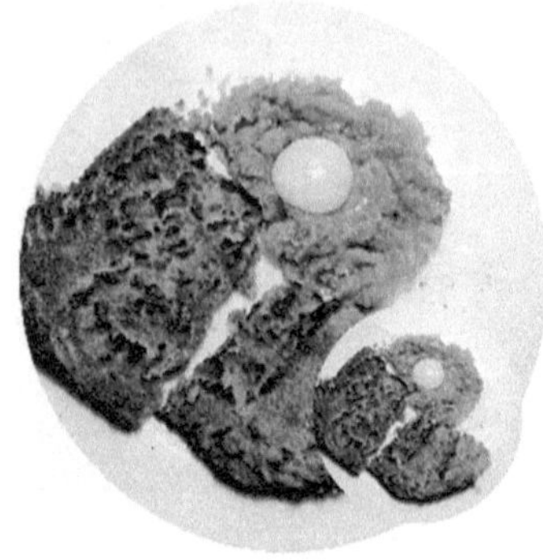

La receta está arriba, esta receta es súper buena para el desayuno o merienda, a mí me encanta, cortas una porción de tarta de zanahoria, y en el puré de manzana le agregas yema y canela, lo mezclas todo y untas el bicochuelo de zanahoria, es realmente una delicia.

Torta de almendras y peras

2-tazones de almendras

4-cuchadas de manteca de coco

4-huevos

1-pera

Pelar y cortar la pera en rodajas, la colocas un recipiente de vidrio, previamente untado con manteca de coco, lo llevas al horno hasta que la pera está caramelizada.

Por otro lado en un triturador de semillas haces harinas de las almendra, lo vuelcas en un bol, agregar 4 cucharadas de manteca de coco, 4 huevos los revuelves hasta que quede una masa homogénea suelta, esa masa la viertes sobre la pera caramelizada, para darle el último toque lo puedes agregar algunas almendras sueltas arriba del biz-cochuelo y lo llevas a la horno por 45 minutos a 180°.

Es fácil, sencillo, práctico y delicioso, ¡espero que lo disfrutes!

variedades, por ejemplo recetas de chucrut, guacamole, mermelada de manzana o pera, endulzar con dátiles o estevia

Dátiles en rama natural

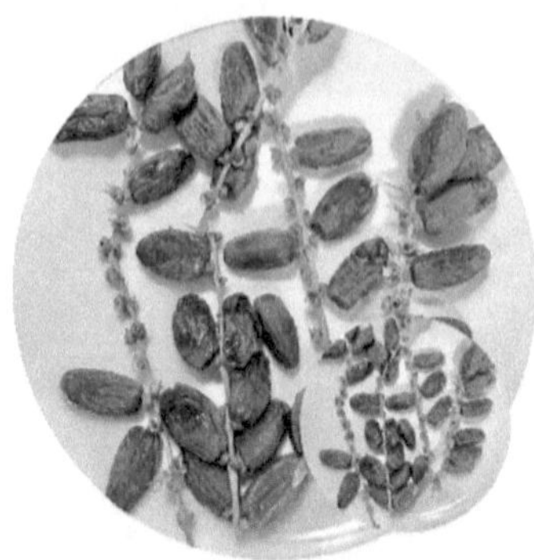

Los dátiles son excelentes para endulzar, los postres, jugos, pero los podemos usar cuando hayamos avanzado más la dieta, al principio, es mejor sacar todo lo dulce.

* Ayudan al sistema nervioso, combatir la anemia y fortalecer los huesos.

* Los dátiles son excelentes por su alto contenido en fibra dietética, si quieres incluir en la dieta de tu hijo, es recomendable remojarlos durante toda la noche.

* Fortalecen los huesos, los maravillosos minerales que se encuentran en los dátiles hacen que sean un alimento ideal para fortalecer los huesos y combaten enfermedades como la osteoporosis.

* Protegen la salud cardiovascular, ayudan a prevenir enfermedades cardiacas.

* Combaten la anemia ya que contienen niveles altos en hierro, son un complejo magnífico para las personas que sufren anemia.

* Fuente de energía al contener azúcares naturales, pero con índice glucémico bajo, por eso son exactamente portadores de energía saludable, com-

baten el cansancio, la fatiga, nos regalan un plus de energía.

* Regulan el sistema nervioso gracias al potasio que contienen.

Complementos nutricionales

- Vitaminas: A, C y E vitaminas del grupo b

- Mineral: potasio, magnesio, cobre, zinc, selenio, fósforo, calcio, hierro y sodio.

- Fibra dietética (12 gr por taza)

- Fuente carbohidrato saludable (100gr por porción)

El maravilloso e inigualable chucrut

<u>Receta del chucrut</u>

1 repollo o col mediano

2 zanahoria

Sal de mar gruesa sin procesar.

El chucrut para mí es un alimento mágico y maravilloso, como te contaba en las líneas anteriores, aparte de tener remedio que cura el tracto digestivo, contiene vitaminas, minerales, bacterias benéficas y enzimas digestivas.

Para la fermentación del chucrut no necesitamos agregar nada únicamente sal.

En un recipiente de vidrio picamos el repollo o col mediano, lo más fino posible, y rallas 2 zanahorias mediana, agregamos 2 cucharas de sal, es fundamental que la sal sea de buena calidad como sal de mar, o sal de Himalaya sin procesar, porque con la sal ayudaremos a extraer el jugo del repollo o col, y comenzamos a amasar de esta manera se eliminara los microbios en las etapas de inicio, mientras que las bacteria fermentadoras, van produciendo suficiente ácido láctico para eliminar a estos famoso patógenos.

Se puede agregar un poco de agua si la col no tiene suficiente jugo. Luego esta parte presta mucha atención, cuando pongas en un recipiente, donde se hará la fermentación, ES IMPORTANTE que presionemos toda la col hacia abajo, hasta que no quede aire y luego poner algo pesado para como un plato pequeño que sea de vidrio, para que pueda mantener la col sumergida, es importante que todo quede dentro del mismo jugo, la fermentación es un proceso anaeróbico, para que se pueda fermentar, porque si salen hacia arriba y quedan afuera del agua en vez de fermentar se pudren, el platito de vidrio con el cual vamos a aplastar tiene que ser más pequeño del diámetro del frasco donde vamos a guardar la fermentación, y listo, eso es todo, súper simple, fácil y maravilloso. Ahora vamos a envolverlo con un trapo de cocina, y mantenerlo a oscuras, dejarlo fermentar de 5 a 7 días, si lo dejamos dentro de la casa con un ambiente cálido, tardará tan solo eso, si lo llevamos al garaje en otro lugar que haga más frío tardará 2 semanas.

¡Es importante dejar un espacio porque recuerda que producirá su propio jugo!

Entonces no lo llenes tanto ¡deja un espacio de 2 centímetros!

Los Sabores de mi mundo

MENÚ SEMANAL

Este será solo un ejemplo cómo podemos ir rotando la comida diariamente, es solamente para que tengas una idea.

LUNES

Proteína: pollo

Aceite de coco

Semillas: girasol

Fruto seco: almendras

Desayuno: galletas de zanahoria, algarroba cúrcuma, canela, endulzar con estevia (hervir la hoja y usar el agua preferentemente), 1 huevo si es alérgico al huevo reemplazarlo por semillas de lino (remojarla la semilla y usar el gel).

Leche chocolatada con leche de almendras hecha en casa, agregar una cucharita de algarroba, y endulzar con estevia.

Almuerzo: milanesa de pechuga de pollo, guacamole, y ensalada caliente.

En un bol poner 1 huevo o (gel de lino) ajo, cebolla, orégano sal y pimienta. Cortar las pechugas, de pollo y ponerlo en el mismo bol dejarla reposar por lo menos una hora para marinar.

Por otro lado ir haciendo harina de las almendras y las semillas de girasol, (triturarlo en un molinillo de café) media taza de cada una, una vez lista ponerlo de un plato y pasar las pechugas de pollos por esas harinas, y llevarlos al hornos en una refractario untado de aceite de coco, a un horno de 180° por 35 minutos, o más tiempo si le gusta crocantes y dorados.

Cortar cebolla ajo y pimiento rojo y unos gajitos de zanahoria, en una sartén con aceite de coco sofreírlo hasta que se ablande.

Guacamole, pelar una aguacate mediano, hacer pude del aguate y picar 1 diente de ajo pequeño, un trocito de cebolla, una gotitas de limón, sal y pimienta al gusto.

Yo repito el desayuno como merienda y el almuerzo como cena, y voy rotando los alimentos diariamente.

MARTES

Proteína: pavo

Aceite de oliva

Semilla cáñamo

Un poco de nueves de Brasil

Verduras: calabacín

Desayuno: tortillas de calabacín, batir 2 huevos agregar las harinas cáñamo y la nueces (triturarlo en un molinillo de café) por otro lado en una sartén sofreír cebolla, ajo y tomates, una vez listo mezclar todo el huevos las harinas y el preparo de la sartén, mezclarlo bien hasta volverlo una masa homogénea, agregar sal a gusto y en la misma sartén del preparo poner un poco de aceite de coco y cocinarlo a fuego lento.

Almuerzo: cortar en trocitos la pechuga de pavo, en una sartén con aceite de coco cocinarlo, agregar, orégano ajo y tomate, y por otro lado ir rallando el calabacín mezclarlo y cocinarlo hasta que el calabacín quede como puré, si tienen mucha salsa, una vez que se sirva en el plato puede agregarle un poco de nuez triturada.

MIÉRCOLES

Proteína: cordero

Aceite de aguacate

Frutos seco: avellana

Semillas de calabaza

Berenjena, cebolla, ajo, orégano

Desayuno: tortillas de berenjena, batir 2 huevos o (gel de semilla de lino) mezclar con harina de avellana y calabaza triturados en y orégano cortar bien fino las berenjenas y cocinarlo a fuego lento, una vez lista, mezclar todo hasta que la masa quede homogénea, poner sal un molinillo, una vez hecho, sofreír en una sartén cebolla, ajo, laurel y pimienta al gusto, y en una sartén cocinarlo como tortillas.

Almuerzo; cordero al horno, con berenjenas, espárragos, tomates cherry, cebolla.

Primero cocinar el cordero por 45 minutos a juego lento al horno a 160° después agregar las berenjenas en rodajas, los espárragos y tomates cherry, agregarle orégano, sal y pimienta a todos y cocinar otros 35 minutos más.

JUEVES

Proteína: carne de vaca

Ghee

Semillas de girasol

Frutos secos: pistachos

Brócoli

Desayuno: galletas heladas de chocolate

Ingredientes:

1 aguacate, ¼ semillas de calabaza, ¼ de pistachos, 1/4macadamia, ¼ de semillas mezclas de 6 semillas omega 3, canela, 3 cucharaditas de algarroba, 1 cúrcuma, 1 zanahoria mediana, endulzar con el agua de estevia, 2 cucharas de coco.

Triturar las semillas hasta que queden hechas harinas, por otro lado la zanahoria, el cúrcuma y el aguacate ponerlo en un procesador, con un poco del agua de estevia en hoja, hasta que se haga una crema, mezclar todo con las harinas trituradas, agregar las 2 cucharas de aceite de coco derretidas.

POR ÚLTIMO SÉ QUE MUCHAS MAMIS, HACEN LA DIETA LIBRE DE GLUTEN Y CASEÍNA, PERO ES "LA PALEO" ESTE ES UN REGALITO DE UNA AMIGA MUY ESPECIAL, QUE LO PREPARÓ ESPECIFICAMNETE PARA TI.

¡ALGUNAS GALLETAS Y POSTRES DULCES!

Recetas paleo
(Hayleen Swanson)

Muffins de arándanos PALEO: sin gluten, sin lácteos, sin azúcar.

- 1 taza de harina de almendras
- ½ cucharadita bicarbonato de sodio
- 1/8 cucharadita de sal
- 2 cdas. Jarabe de arce puro
- ½ taza de leche de coco con toda la grasa
- 2 cdas. Aceite de coco (derretido)
- 2 claras de huevo
- 1 cucharadita. vainilla (en polvo)

- ¼ taza de arándanos frescos Cáscara de limón (cobertura opcional)

Precaliente el horno a 350 grados

Mientras el horno se precalienta, mezcle la harina de almendras, el bicarbonato de sodio y la sal en un tazón mediano. En un tazón grande y separado, mezcle las claras de huevo, el jarabe de arce, la leche de coco, el aceite de coco y la vainilla. Mezcle los ingredientes secos con los ingredientes húmedos a velocidad media durante 1-3 minutos, hasta que estén suaves. Agregue arándanos a la mezcla (guardo unos arándanos adicionales para decorar los muffins).

En una sartén grande para muffins, cubra la sartén con envoltorios de muffins y rocíe con aceite de coco para que los muffins se puedan desenvolver fácilmente. Llene los envoltorios de muffins aproximadamente ¾ del total para cada uno.

Hornear durante 20-25 minutos, hasta que estén dorados.

Dejar enfriar durante 10-15 minutos y disfrutar.

Magdalenas de chocolate con plátano Paleo

- 1 taza de harina de almendra
- ¼ taza de harina de coco
- ½ cucharadita. bicarbonato de sodio
- pizca de sal (opcional)
- 3 bananas medianas muy maduras (puré)
- 2 cdas. Jarabe de arce puro al 100% (puede sustituir a la miel cruda)
- ¼ taza de aceite de coco (derretido)
- 3 huevos
- 1 cucharadita de vainilla
- ½ taza 70% de chips de chocolate de cacao

Precaliente el horno a 350 grados

Deje los moldes para muffins, rociados y recubiertos con envoltorios para muffins.

En un tazón pequeño, mezcle las harinas, el bicarbonato de sodio y la sal. Ponga el tazón a un lado. En un tazón mediano, mezcle el puré de plátanos, el jarabe de arce, el aceite de coco, los huevos y la vainilla. Mezclar los ingredientes húmedos hasta que quede suave. Dobla en las chispas de chocolate y llena cada lata de muffins aproximadamente ¾ del camino lleno.

Hornee durante 20-25 minutos hasta que pueda introducir un palillo en el panecillo sin que salgan ingredientes húmedos.

Dejar cocer durante 10-15 minutos ¡y disfrutar!

Magdalenas de pastel de café Paleo

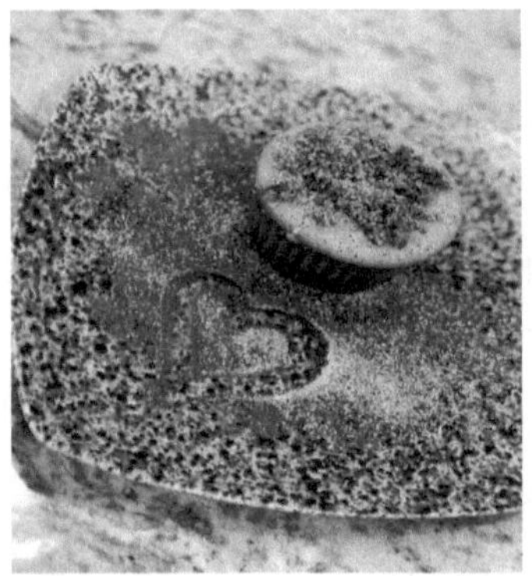

- 1 taza de harina de almendra blanqueada
- 1 1/2 cucharadita de harina de coco
- 1/8 cucharadita de sal
- 2 1/4 cucharadita de bicarbonato de sodio
- 1/2 cucharadita de canela
- huevos
- Aceite de coco (derretido)

- 2 cucharadas de jarabe de arce puro
- 1 cucharadita de extracto de vainilla orgánico en polvo
- 1/3 taza de salsa de manzana sin azúcar

Precaliente el horno a 350 grados.

Ponga a un lado las bandejas para muffins, rociadas y cubiertas con envoltorios para muffins.

En un tazón pequeño, mezcle las harinas, el bicarbonato de sodio, la canela y la sal. Coloque el tazón a un lado. En un tazón mediano, mezcle el puré de plátanos, el jarabe de arce, el aceite de coco, los huevos y la vainilla. Mezclar los ingredientes húmedos hasta que quede suave. Llene cada lata de panecillos aproximadamente ¾ del camino lleno.

Hornee durante 20-25 minutos hasta que pueda introducir un palillo en el panecillo sin que salgan ingredientes húmedos.

Dejar cocer durante 10-15 minutos y disfrutar!

Galletas de chocolate sin gluten

- 2 1/4 tazas de una buena harina sin gluten para todo uso.

- 1 cucharadita. bicarbonato de sodio

- 1 cucharadita. Sal de Himalaya

- 2 onzas de queso crema

- , temperatura ambiente

- 3/4 tazas de mantequilla sin sal, derretida

- 5 cucharadas de estevia en hojas (hervidas anteriormente)

- 1/2 taza de azúcar

- 1 1/2 cucharadita. extracto de vainilla orgánica en polvo

- 2 yemas de huevo(temperatura ambiente)

- 2 tazas de chips de chocolate semidulce

Precaliente el horno a 350 grados

Mezcle yemas de huevo, queso crema, azúcares, mantequilla y vainilla en un tazón grande para mezclar. Batir en alto hasta que quede suave. En un tazón aparte, mezcle la harina sin gluten, el bicarbonato de sodio y la sal y agregue gradualmente a los ingredientes húmedos. Doble chips de chocolate y vierte una cucharada de masa en una bandeja para hornear galletas. Separe las galletas a una distancia de una pulgada a dos pulgadas y hornee por 8-10 minutos.

¡Deje enfriar y disfrute!

Tarta de vainilla sin gluten

- 3 ½ tazas de harina de hornear individual sin gluten
- 2 tazas de azúcar
- 1 cucharadita de bicarbonato de sodio
- 1 cucharadita de sal
- 1 taza de leche de coco
- 3 huevos grandes
- 2 cucharadita de vainilla
- 1 taza de mantequilla orgánica.

Precaliente el horno a 350 grados. Agregue la mantequilla, los huevos, la leche de coco y la vainilla en un tazón grande para mezclar y batir a velocidad media durante 1-2 minutos hasta que quede suave. Agregue la harina, el bicarbonato de sodio y la sal, y mezcle a velocidad lenta hasta que la mezcla esté suave. Forrar dos moldes para pasteles redondos de 8 pulgadas con aceite de coco, para evitar que la torta se pegue. Llene cada bandeja hasta la mitad y no más, para evitar que fluya en exceso, y hornee por 35-40 minutos hasta que esté completamente cocida.

Paleo vainilla y donas de chocolate (sin gluten, sin lácteos y sin azúcar.

- 2 tazas Harina de almendra
- ¼ taza de harina de coco
- 1 cucharadita de bicarbonato de sodio
- 2 cdas. Leche de coco entera en grasa
- 4 cdas. jarabe de arce
- 2 cdas. aceite de coco ablandado
- 2 huevos grandes
- 2 cucharadita de vainilla

** para donas de chocolate agregue ¼ de taza de cacao puro sin azúcar **

Precaliente el horno a 350 grados, mezcle todos los ingredientes húmedos primero en un tazón grande para mezclar. Bata los huevos, la leche de coco entera, el aceite de coco, el jarabe de arce y la vainilla hasta que quede suave. Agregue los ingredientes secos y mezcle con la batidora manual hasta que quede suave. Hornee por 8-12 minutos o hasta que esté completamente cocido, y deje cocer por 10 minutos.

Para coberturas: Agregue hojuelas de coco sin azúcar, llovizna de chocolate oscuro, chispitas veganas y nueces.

A los
valientes
herman@s de
los pequeños
munditos♥

Mi hermano, mi héroe, mi mejor amigo

Este es un libro donde hablamos de nutrición, salud y por ende, la salud emocional también es muy importante. Ahora quiero hablarte de alguien muy especial para mí, mi mejor amigo, mi héroe, mi alma gemela, mi hermano James. Él es un niño adulto como te conté en mi primer libro, ha vivido muchos desafíos en varias escuelas en diferentes partes del mundo, a raíz de eso tuvo que madurar muy rápido, pero también en su corta vida eso le trajo muchas consecuencias, con la vida que le tocó vivir, por eso si tienes un hijo, mayor o menor, sobrin@, herman@ o simplemente conoces a alguien que tenga un integrante en la familia con "el mundo de David", hay que prestar muchísima atención a sus hermanos, a simple vista no parece que estén sufriendo, parecen llevar una vida medianamente normal, entendiendo o comprendido, hasta que un día descubres que todo ese mundo tan difícil, lo estuvo viviendo y manejando solo, por lo cual necesita una ayuda guía, necesita también la comprensión ayuda y ¡amor incondicional de su madre!

Estoy más seguro de que alguna vez ha pasado que has querido gritar al mundo cómo te sentías y no sabías cómo expresarlo, eso es lo que estaba sucediendo con mi hermano James, estuvo por varios años gestionando sus emociones solo, como podía, hacia lo que mejor sabía hacerlo.

Este tema es tan importante, que debemos prestarle mucha atención, porque si tienes otro hijo, hermano de un "Pequeño Mundito" ahora mismo puedes estar gritando en silencio por querer tu atención, comprensión, compañía y tal vez no sabe cómo pedirlo, cómo hacerlo, entonces lo hace a su manera.

Por este motivo quiero dedicar unas páginas de este libro a la importancia de la salud emocional para llevar una vida plena y feliz, sin embargo, muchos hermanos de los niños del "mundo de David", en un cierto momento, pueden llegar a sentir un desequilibrio emocional ya que toda la atención va para la personita que más necesita, en este caso "yo". Mi mamá siempre me dedicaba todo su tiempo, y mi hermano mayor siempre tenía que esperar, o a veces inclusive ella no podía estar cuando él más lo necesitaba, eso con el tiempo en algún momento de su vida les puede llegar, les puede afectar emocionalmente, más aún en la adolescencia, cuando están formando su personalidad, pueden sentirse inseguros y confundidos. En el caso de mi familia, las cosas se complicaron un poco más ya que nos mudamos mucho, en poco tiempo hemos vivido en más de 5 países, entonces eso también trajo su consecuencia, lo importante es no descuidar a este herman@ que también es una parte importante de este maravilloso "mundo de David", porque normalmente estos hermanos ven, viven y sienten un mundo diferente, maduran muy rápido porque las circunstancias de este desafío así lo requiere, pero con el tiempo, te das cuenta de que fueron guardando sus emociones, esos sentimientos encontrados y por más que le expliques, y lo entienda, su subconsciente no termina de comprender, suelen sentir una especie de abandono de parte de la madre, y con el tiempo, más adelante eso se transformará en una especie de "*APEGO EMOCIONAL*", ya sea con las personas que tiene alrededor (amig@s, cosas, situaciones, objetos materiales). Yo lo podría definir como algo que "queremos que sea nuestro y de nadie más, y un cierto afán a querer controlar todo para no volver perder lo que nuca tuvimos", aunque muchas personas confunden el apego sea algo similar al amor, el apego destruye la confianza, la libertad, normalmente sufrimos por algo que queremos y no tenemos. Ese deseo nos lleva a prestarle mucha atención a **"algo o alguien"** en concreto, pero hay algo muy importante cuando nos obsesionamos de una manera no muy buena, sufrimos por miedo a no poder lograrlo, o tal vez a perderlo, terminando contaminando nuestra mente nuestro corazón con a diario alimentamos la ansiedad, nervios, preocupación, esa persona puede olvidarse de sí misma, ¡y suele dar más valor a otras personas que a sí misma! Cuando esa persona tiene un apego con su pareja o sus amig@s, normalmente cuando tiene apego surge ¡este terrible y casi incontrolable sentimiento!

Es ahí donde aparecen los celos que provienen de la palabra "zelos" que significa **<u>"recelo de que algo nos sea arrebatado"</u>** entonces ves a tus amig@s como algo que te pertenece, no como alguien que te acompaña, sino alguien que te pertenece, cuando ocurre esto, ya no respetamos su tiempo, qué les gusta hacer, queremos comenzar a poner límites, queremos cambiar su forma de ser, de pensar, y eso solo lleva a conflictos, que no terminarán bien, ¡porque estará en una relación de constante tensión y resentimiento!

Muchas veces los hermanos de niños del "mundo de David" suelen tener apegos es una manera de expresar sus miedos, así de esta manera se esconde uno de los sentimientos más letales, "el apego" el significado que le dio la Real Academia Española es "ficción o inclinación hacia algo o alguien"; también se lo considera y relaciona popularmente como "afecto, cariño o estimación". Eso es un desconocimiento que existe a este "apego" que nos roba la paz interior. El tema es que sin querer estamos poniendo en las manos de otra persona nuestra felicidad, que si no conseguimos o contaremos ciertas cosas no somos felices. Ahora que ya sabemos el significado de esta emoción llamada apego, podemos pasar al siguiente paso, únicamente puedes ayudar a tu hijo ayudando a sanar su niñ@ interior que alguna vez se siente abandonado, herido, desplazado que alguna vez siente la falta de amor, comprensión, complicidad, de sus padres, o tal vez las personas que tenía alrededor.

Y los padres, amigos familiares estaban haciendo lo mejor que podían, lo mejor que sabían.

Sabes que con tantísimo amor escribo estas líneas que siempre llegan al alma, aprendí a ver el amor de mis padres, con los ojos del alma, ellos siempre están haciendo todo lo mejor para sus hijos, estoy seguro de que tú también, estás haciendo lo mejor que puedes, por eso te invito a reflexionar, a no culparte si en algún momento de tu vida no pudiste dividirte en dos personas al mismo tiempo, ahora ya sabes y estás a tiempo de poder mejorar esa relación, puedes ayudar a tu otro hij@, ayudándolo a ver la vida diferente, acompañándolo a encontrar a su niño interior, sanarlo, para que poco a poco vuelva a brillar con su luz propia, y cada día verás como poco a poco irá despegando sus alitas para comenzar a volar, pero esta vez muy seguro de sí mismo, con todas la herramientas que pudiste proporcionarle y lo más importante, ¡con tu amor incondicional que eso le dará muchísima seguridad y confianza!

Todo es una aprendizaje ni un padre vino con un manual abajo de los brazos para aprender a ser padres, y mucho menos si tienes un hijo con desafíos, por eso soy consciente de que cada día podemos aprender algo nuevo.

Los padres de niñ@s con desafíos son unos padres excepcionales, en mi corta vida he conocido muchos padres de otros amigos y compañeros míos, y la verdad son personas con una gran corazón, agradecidos de la vida, y con una energía que te contagian, ¡y cien por ciento seguro que hacen los mejor que pueden por sus hijos!

> *"Recuerda que cada día es un nuevo comienzo un nuevo aprendizaje, una nueva experiencia, cualquiera puede volver a comenzar, ahora, HOY mismo.*
>
> *No tengas dudas*
>
> *No tengas remordimientos*
>
> *No tengas culpa*
>
> *Solo te pido que tengas unas ganas enormes de volver a empezar"*

Claudia Elizabeth Garcete

Si eres mami o papá de un "pequeño mundito" o de algún niño con desafío, no sé cuál será, pero quiero contarte algo mientras que TÚ también estés vibrando en el miedo y en la misma sintonía o en el mismo mar tratando de subir al barco, es casi imposible, por eso es muy importante que subas TÚ Primero al barco, para poder ayudar a los demás, subir TU vibración, TU sintonía, para poder elevarte y AYU-DAR DESDE ARRIBA ☺ para que cuando finalmente logres darle esa ayuda a TU HIJO que tanto necesita, le puedas mostrar las maravillas de la vida, lo lindo de nuestro mundo, lo extraordinario que puede ser su día a día eso.

Lo maravilloso del universo es que nunca es tarde, siempre nos da otra oportunidad, ahora quiero compartir contigo una de mis músicas favoritas.

♫Sé que las ventanas se pueden abrir, cambiar el aire depende de ti, te ayudará vale la pena una vez más, saber que se puede querer sé que pueda, quitarse los miedo sacarlos afuera pintase la cara color de esperanza♫ como dice la letra de la música de Diego Torres.

Esta página va dedicada a los hermosos herman@s de los "pequeños munditos" que muestran su valentía día a día, que son ejemplos de hermanos, ¡que van acompañando siempre con mucha perseverancia todo este desafío!

> *"La salud es una gran palabra, abarca no solo el cuerpo sino también la mente y el espíritu y no el dolor o el placer de Hoy"*

James H West

Un ser increíblemente maravillosa

María Tecla Artemisia MONTESORI nació en Italia el 31 de agosto de 1870, es más conocida como María Montessori, fue educadora, pedagoga, científica, psiquiatra médica, psicóloga, filosofa, antropóloga, bióloga, fue la primer mujer Italiana graduarse como doctora en medicina.

Ella defiende que el juego es la principal actividad a través de la cual el niño lleva su vida durante los primeros años de vida, de esta manera pueden observar, experimentar, aprender, investigar así también lo afirmaba Jean Piaget el psicólogo, biólogo suizo muy famoso por todos sus aportes en el campo de la psicología evolutiva, sus estudios sobre la infancia y su teoría sobre el desarrollo cognitivos.

Bueno, sigamos un poquito más con María Montessori, ella asegura que a través del juego los niños se van relacionando, van teniendo conocimiento, experiencias previas con otras nuevas, realizando un proceso de aprendizaje individual fundamental y sumamente importantes para su crecimiento, ¡independientemente del medio ambiente donde se desarrolle!

Me encanta la propuesta educativa de María Montessori, según ella se basa en el un triángulo:

Amor, ambiente y relación niños ambiente.

A todo esto dónde quiero llegar: quiero compartir contigo, mami o papá de pequeños munditos, los 15 tips que marcarán de una manera increíble la vida de tus hijos, ya estén en el "mundo de David" o a los hermanos, ¡para mí esta es una excelente y sana manera de criar a tu hijo!

1- Tu hijo IMITA a la personas que le rodean, sé la mejor versión de tu persona, así se esforzará a ser como tú.

2- Siempre usa la CRÍTICA CONSTRUCTIVA con él o ella, porque si solo lo criticas duramente, después aprenderá a juzgar en negativo.

3- Si lo APOYAS, entenderá lo que realmente es valorar el esfuerzo.

4- Si solo recibe constante discordia, hostilidad, **se volverá agresivo** y se defenderá peleando constantemente.

5- No lo **ridiculices**, de esta manera solo conseguirás que desarrolle una inmensa timidez.

6- Si lo desprecias crecerá en su interior crecer un enorme **sentimiento de culpa**.

7- Si quieres que confíe en ti y en las demás personas, hazlo sentir SEGURO y AMADO, lo primordial es su entorno.

8- Muy importante aceptar y tener en cuenta sus OPINIONES de esta manera crecerá su AUTOESTIMA.

9- Si crece y vive en un hogar donde se sienta el AMOR INCONDICIONAL, la COMPRENSIÓN y el CARIÑO, le será más fácil encontrar el AMOR a lo largo de su vida.

10-No hables jamás **mal de él**, ni cuando esté delante ni cuando no esté.

11-Valora su crecimiento POSITIVAMENTE, teniendo en cuenta todo lo bueno, y así no dejar tanto lugar a lo malo.

12-La importancia de ser escucharlo va más allá de lo que piensas, cuando se acerque a hablarte RESPÓNDELE, así sabrá que puede contar contigo siempre que necesite.

13-Siempre demuéstrale RESPETO Y APÓYALO, aunque se haya equivocado o cometido algún error, hay tiempo para que lo corrija, ahora o más adelante y demuéstrale que cada día puede volver a empezar, que los errores son solo aprendizajes.

14-Debes dejar que CREZCA, que encuentre solo lo que necesita, pero si te pide ayuda acompáñalo.

15-El mejor regalo que le puedes hacer es demostrarle la MEJOR VERSIÓN de tu persona, lo más grande de ti mismo, tu positividad tu alegría tu esperanza, tu energía, las ganas de vivir, eso hará que se contagie de excelentes sentimientos y valores.

Como sabes, en mis libros me encanta hablar de desarrollo personal, para entrenar tu mente, y tu alma, para saber que todo lo que te propongas con respecto a tu salud, lo puedes lograr, para eso debes prepararte, para comenzar esta maravillosa aventura llamada "VIDA". Te has planteado alguna vez ¿por qué es tan difícil avanzar, muchas veces en algún tema relacionado a la salud, en algún trabajo, sueño, meta que te propones?

Muchas veces se nos hace difícil seguir lo que nos hemos propuesto con respecto a las 3 áreas más importante de nuestra vida, (SALUD, DINERO, AMOR). Existen varios motivos, pero te voy a nombrar los 2 más importantes:

uno es el apego, y el otro es la creencia limitante que tenemos, esa creencia limitante la traemos desde niños es lo que hemos aprendido de nuestros padres, abuelos, maestros o con las personas que crecimos, personas cuando tenemos apego, al (pasado, a objeto, situaciones) que nos impiden seguir.

Muchas veces, piensas que no eres merecedor de cosas, buenas ¡o tal vez pienses que simplemente no puedes lograrlo! Déjame decirte que esos pensamientos son cosas de nuestra "MENTE PROTECTORA".

Te tengo una noticia, eso es totalmente FALSO, todos nos merecemos una vida maravillosa, tí y yo también, una salud extraordinaria, el amor de tu vida, cumplir todo tus sueños.

Eso es lo que nos está pidiendo a gritos nuestra ALMA, nuestro CORAZÓN, ¡que siempre está buscando progresar, seguir, avanzar!

Únicamente sanando esas situaciones y todas esas cosas que en algún momento, nos lastimaron, dañaron, afectaron, podemos seguir adelante, podemos avanzar, crecer, expandirnos, volvernos la mejor versión de nosotros mismos.

Para eso tenemos que aprender a practicar el desapego, sacar todo lo viejo, (objetos, situaciones, personas) dar lugar a lo nuevo, porque esto nuevo que vendrá será realmente único y maravilloso, será lo que te mereces, ☺será lo que estuviste esperando siempre!

Puede ser que te parezca todo muy extraño lo que te acabo de contar, pero para entenderlo, necesitas, callar a tu MENTE y abrir tu ALMA y dar lugar a tu CORAZÓN para que todo siga su curso.

Este tema del desapego, es primordial tenerlo en cuenta, por ejemplo porque muchas veces eso nos impide avanzar, en el caso mío, cuando comenzamos con el tratamiento, dieta etc., al principio iba todo bien después llegó un momento que mi mamá comenzó a dudar, a tener miedo no sabía si ella estaba haciendo bien, entró a vibrar en negativo y a perder la FE ¡que significa la convicción de lo que no se ve!

Entonces en una etapa de nuestra vida, o mejor dicho de mi vida, mi tratamiento comenzó a estancarse, era como todo comenzó a ser más pesado y la verdad recuerdo que fue como un año y medio, las cosas no avanzaban, hasta que mi mamá aprendió que para poder avanzar tenemos un desapegarnos de ciertas cosas o situaciones del pasado, mi mamá tenía muchas cosas que arreglar en ella misma para poder seguir conmigo, tuvo que curar sus heridas del pasado, tuvo que aprender a desapegarse de cosas que ocurrieron en su vida pasada, y uno de eso era la culpa que sentía, con respecto a mi diagnóstico dejar las mochilas que más le pesaban para poder viajar más liviana en este maravilloso camino, que lo llamamos el "mundo de David".

Dos grandes amigas: La perseverancia y la disciplina

Si quieres lograr grandes metas con tu hijo, y quieres resultados rápidos, es fundamental que tus dos grandes amigas sean la perseverancia y la disciplina, en cualquier cosa que comiences a hacer, por ejemplo, a mi mamá le llevó muchos años más, porque como verás ella intentaba una dieta o tratamiento, por un tiempo y después lo dejaba y comenzaba otro y así sucesivamente. Claro lo que pasaba es que en esa época ella todavía estaba investigando lo que hoy por hoy ya sabemos que muchos casos de niños con el "Mundo de David", le viene súper bien la dieta o como a mí me gusta llamarle estilo de vida "Maravillosamente sano". Es muy importante ser paciente para ver los resultados, he aquí que te voy a hablar un poquito de crecimiento personal. Sabes que voy nombrando ciertos principios universales, como una pincelada, en este caso, quiero hablarte del principio del ritmo, la vida o situaciones, desafíos son como las semillas, todas necesitan un tiempo de gestación, para que podamos recoger los frutos, por eso es muy importante la paciencia. Por ejemplo con mi mamá cuando ella hacía un tratamiento nuevo conmigo, creaba un **potencial excesivo**, quería que yo me recuperara ya, ahora, entonces como ella estaba generando potencial excesivo, lo que ella más quería, más se alejaba, aunque te sea difícil entender esta parte del libro, te voy a poner un ejemplo muy fácil: nunca te pasó de querer tanto y cuidar tanto algo, y ya estabas cuidando exageradamente, se te termina perdiendo, eso significa generar potencial excesivo, por eso es muy importante mantener el equilibrio, claro que darle importancia a seguir la dieta, pero no con miedo o desesperación, sino desde el AMOR y FE.

Y nos pasó en todas las etapas, cuando estaba por dejar el pañal, recuerdo cómo se sentía ella cuando yo otra vez me hacía encima, después con el tema del lenguaje también, exactamente lo mismo, estaba tan ansiosa de que yo hablara. El día que ella se relajó siguió a mi lado, pero sin crear potencial excesivo así fue cuando yo comencé a soltarme, a liberarme a vivir la vida, ¡recuerda que todo tiene un periodo de gestación!

Para lograr todo este proceso con tu hijo también quiero recordarte lo importante de tener *integridad* para lograr las cosas que nos proponemos.

Por eso es muy importante que tomes la riendas de tu vida, las personas que tienen éxito en cualquier área de su vida en este caso estamos hablando de la salud de tu hijo, tienes que tener integridad, que lo dices haces, y con lo que sientes, tienen que tener un compromiso y una integridad increíble, entonces una vez que te decidas ve a hacer lo que dijiste que harías.

El compromiso y la integridad siempre van de la mano, cuando decidas el camino que vas a tomar que vas (dieta o tratamiento) hazlo hasta el final, el resto de personas dejan las cosas a medias.

Y ¿cómo podemos hacer para aprender esta habilidad? Tomando una decisión importante en la vida de tu hijo y cuando tienes una dificultad, sigue para adelante contra vientos y marea porque tu palabra es ley y ya lo dijiste que vas a hacerlo hasta el final.

Entonces cuando una persona decide hacer algo importante (como seguir este estilo maravillosamente sano) en su vida pero cuando sucede algo en su vida un imprevisto o una desafío abandona, no ha aprendido esa habilidad, pero en el momento esa persona decide abandonar; todos una vez en la vida hemos tenido ese pensamiento de querer tirar la toalla, la única diferencia es seguir, cuando decides hacer algo tiene que ser eso ante toda las cosas.

Son enseñanzas, lo podemos aprender cognitivamente, pero hasta ponerlo en práctica, hasta no haberlo incorporado no hemos aprendido, si tú necesitas tener integridad solo aprenderás, cuando estés a pruebas, si seguir o abandonar este "maravilloso mundo de David" vas a poder demostrar tu integridad cuando quieres abandonar una cosa que has dicho que vas hacer, es ahí donde se prueba tu integridad, porque integridad es hacer lo que has dicho que vas hacer, y el compromiso se reafirma como habilidad, como cosa interna, que cada uno de nosotros deberíamos tener, ¡superando todas los desafíos con la ayuda de la integridad!

Esto lo aprendemos únicamente en la dificultad.

Ya estamos llegando casi al final

Si te pones a pensar pocas veces tomamos un respiro para seguir, muchas veces, vivimos agobiados corriendo de un lado a otro, sin pensar, sin meditar, sin planificar.

Vivimos preocupados por el misterioso futuro, y arrepentidos por ese doloroso pasado, sin tener en cuenta el presente, este PRESENTE ÚNICO y MARAVILLOSO, que estamos respirando, que estamos disfrutando en el AQUÍ, AHORA.

Sin darnos cuenta de que todo pasa, así como las estaciones del año, pasa y no nos damos cuenta.

❤Hoy te invito a disfrutar de tu PRESENTE, agradeciendo TODO lo que tienes y a quienes tienes en tu vida❤

Esta mañana mi mamá me dejó en la escuela, me senté en mi banco y pensé: qué bendición tengo en mi vida, tengo todo, una mamá que me cuida, una maestra que me adora, unos compañeros que me esperan cada mañana ✿.

Pensé que te vendría súper bien esta reflexión, porque habitualmente todos llevamos una vida de manera automatizada ☉

Te invito que te tomes 2 veces al día a respirar hondo y agradece todo y si lo haces de seguido te acostumbrarás y será un hermoso hábito muy fructífero y enriquecedor ☺

Bueno, hablando de estaciones del año, en esta parte de libro vamos a hablar un poco de medicina china, es realmente muy interesante cómo funcionan las estaciones del año en nuestra salud.

"Mantener la buena salud del cuerpo es un deber por lo que no debemos descuidar, el conocimiento, y mantener nuestra mente fuerte y clara. El agua rodea la flor de loto pero no moja sus pétalos"

BUDA

Especialmente para ti ♥

Estás pasando por algún desafío grande en tu vida, ¿sabes por qué?

Porque eres grandiosa/o, Dios o el universo sabe que puede contar contigo

porque eres fuerte y dejarás una diferencia en esta tierra para las personas que vendrán.

Si eras una persona ordinaria y débil jamás hubiera tenido un desafío

EXTRA – ORDINARIO,

porque eres una madre, padre, hijo, hermano desafiad@ que convierten desafíos en bendición.

Tu mayor regalo es la fortaleza única e irreemplazable que llevas dentro.

Con una sonrisa ☺ en el corazón ♥ siempre verás brillar el sol ☼

El universo
fue
cómplice ☺

Cuando el universo conspira a tu favor, y te regala la magia de la vida, la manera que conocí a García Calvo llevábamos un mes viviendo en España. Era una noche de verano, la vi a mi mamá afuera sentada cerca de la piscina, sola, mirando las estrellas, salgo y me dice: ¿David, qué necesitas? No respondí, solo me senté a su lado, y ella me dijo mirando al cielo: Acabo de pedir a Dios, al universo, que nos mande una señal, si este será el lugar donde nos quedaremos a vivir por mucho tiempo y tendremos un hermoso hogar, donde no habrá que pensar cuál es el próximo país donde nos iremos a vivir, ¡sino cuál es el próximo país que me encantaría visitar! Esa misma noche, sin poder dormir, me despierto y voy hasta la sala, la vi leyendo la biografía de un señor, un escritor español, logré ver que este señor sostenía en sus manos un hermoso libro azul, el color me llamó muchísimo la atención, el título se quedó grabado en mi corazón. El libro se titula *LA VOZ DE TU ALMA*. Cuando ella escuchó mis pasos y me dijo: David, ven, siéntate conmigo, mira lo que encontré, estoy leyendo de qué se trata este libro, me parece muy interesante. Me leyó un poco, después miramos un video juntos y nos miramos mutuamente y dijimos wow, ese libro deberíamos tenerlo en casa ya. Ella me miró a los ojos llena de amor como siempre lo hace, y estas palabras salieron de su boca: Dios el universo, el ser infinito nos contestó, esta es una hermosa señal, ¡la que pedí esta noche!

Pronto teníamos el libro *LA VOZ DE TU ALMA* en casa y cada noche antes de dormir ella me leía 2 páginas. Los meses pasaron volando, para la navidad de ese año, mi mamá le envió un correo electrónico a Lain agradeciéndolo por haber escrito este maravilloso libro que nos cambió la vida por completo ¿y adivinen qué? El día 25 de diciembre, él le contesta su correo agradeciéndola y deseándonos feliz navidad también. Ella estaba muy sorprendida, compartió conmigo y con toda la familia ese correo y nos dijo esta persona realmente está comprometida e involucrada con su propósito de vida, ¡es realmente maravilloso recibir hoy un correo así un día tan especial!

Pronto escuchamos en su publicación de Facebook acerca de su evento Vuélvete imparable, que se hace 2 veces al año en Barcelona, y ella dijo: Quiero ir y participar del evento más grande de habla hispana, quiero conocer a este Mentor, que está cambiando y revolucionado la vida de tantas personas, incluida la de mi familia.

Jamás pensé que ese evento cambiaría para siempre nuestro rumbo, ella volvió como nunca antes la había visto, volvió empoderada, motivada, realizada, durante el evento pudo hablar con Lain, contarle de mi experiencia de vida, y que me encantan sus videos, que constantemente los escucho. Durante el evento tuvo una revelación, ¡comprendió que su propósito de vida era yo!

Así fue que nació *LOS SECRETOS DE MI MUNDO* gracias a la ayuda de LAIN, una persona extraordinaria, que está comprometida cien por ciento en ayudar a las personas a llevar su vida al máximo nivel, un ser humano increíble ¡y sobre todo un excelente Mentor!

Todo comenzó con el primer libro de la saga *LA VOZ DE TU ALMA* bendice a quien lo tiene, lo lee y lo practica, de lo cual soy testigo, tener este libro en mi casa fue y será una bendición enorme, ¡toda la vida!

¡Solo me queda decirte millones de gracias, Lain!

Por haber escrito este libro maravilloso, si quieres un cambio radical y mágico en tu vida, lee *LA VOZ DE TU ALMA*, consíguelo en su página web www.laingarciacalvo.com

Quiero felicitarte si tienes un hijo con "el mundo de David" o algún pariente o conoces a alguien, quiero decirte lo afortunad@ que eres, sí escuchaste bien: Muy afortunada. Tu hijo es un regalo hermoso que Dios te lo envió, para ayudarte a crecer, aprender, creer, para fortalecerte para ser una mejor persona, más de lo que ya eres, sabes *"Dios nos envía a las grandes batalla a sus mejores guerrer@s"*, realmente es una bendición, a mi mamá le costó bastante la primera vez que le dijeron estas mismas palabras, después de mucho tiempo comprendió lo que quiso decir ese hombre.

Hoy por hoy no está cerca de la persona que era antes de conocerme, ella hoy es la mejor versión de su persona en todos los sentidos, aprendió mucho de la vida a lo largo de todos estos años, ¡desde que llegué a su vida!

Durante estas páginas te estuve contando qué hizo mi mamá a lo largo de casi 10 años para que avanzara y superara obstáculos que le habían dicho que eran imposibles, todo basado en mi experiencia, todo lo que me ha funcionado y lo que no me ha funcionado, para que no te lleve tanto tiempo recorrer este camino y para que todo sea más breve y no pierdas tanto tiempo.

En este proceso el tiempo es oro, porque quieres recuperar a tu hijo lo antes posible, para volver a ver esa mirada que tanto te gustaba, esa sonrisa que tanto extrañas… esa dulce voz que a lo mejor nunca antes has escuchado y que tanto añoras, puede ser que para muchos padres, todavía no tuvieron el placer de escucharlo.

La clave también es que disfrutes mucho del camino, porque nuestros hijos son seres de luz y sienten de una manera muy especial, se dan cuenta de nuestros sentimientos, y emociones con tan solo mirarnos a los ojos o estar cerca de nosotros.

Te ayudaré a que hagas todo este proceso de corazón con mucha fe y mucha alegría, ¡porque pronto verás milagros a tu alrededor!

> Crecerás hasta el punto en que ya no podré tenerte en mis brazos, crecerás tan alto que tendré que ponerme de puntitas de pie, para darte un abrazo, todo va cambiando, los hijos van creciendo, lo que jamás cambiará es que siempre habrá espacio para ti en mi corazón.

Claudia Elizabeth Garcete

Si llegaste a leer hasta acá quiero darte las gracias, muchas gracias, porque sé que eres una persona como mi mamá, una persona que no se conforma con un "no se puede" o un diagnóstico, sino una persona que busca más información para ayudar a Tu hijo y eso dice mucho de ti ☺

Si te ha ayudado este libro que escribí con muchísimo amor y dedicación, para que sepas que no estás sola/o, quiero pedirte un favor muy especial, me encantaría recibir tu testimonio, con una foto del libro a mi correo electrónico **claugarcete81@gmail.com** Así podemos ayudar a más personas, allá afuera hay miles y miles de familias que necesitan nuestra ayuda, y a través de tu testimonio podemos llevar el mensaje a muchas personas que lo necesitan.

No te rindas aún estás a tiempo

De alcanzar y comenzar de nuevo

Aceptar tus sombras, enterrar tus miedos,

Liberar el lastre, retoma el vuelo.

No te rindas que la vida es eso,

Continúa el viaje

Persigue tus sueños

Destraba el tiempo

Correr los escombros y destapar el cielo.

No te rindas por favor no cedas,

Aunque el frío quede, aunque el miedo muerda,

Aunque el sol se esconda y se calle el viento, aún hay fuego en tu alma,

Aún hay vida en tus sueños,

Porque la vida es tuya y tuyo también el deseo, porque lo has querido y porque te QUIERO ♥

Mario Benedetti

Durante la lectura de este libro espero que hayas encontrado, la respuesta que estuviste buscando por tanto tiempo, con el "mundo de David", espero que te haya podido ayudar. Me imagino que ahora te estarás preguntando por dónde empezar, sabiendo lo importante que es aplicar todo lo que hemos aprendido (alimentación) en la vida de tu hijo. A continuación te recomiendo, que estos libros sean como un manual en casa, los tengas siempre presentes cada vez que quieras consultar algo, ¡todo está en los 3 libros! Ya sabes el súper secreto, todo está en la alimentación, todo comienza ahí paso a paso, la importancia de la alimentación para niños y adultos con problemas digestivos, y que estén viviendo en el "Mundo de David". Este libro fue escrito con el amor más puro de una madre "amor incondicional" especialmente para niños tan afortunados al igual que yo ☺

Y como hemos recorrido este camino juntos quiero agradecerte nuevamente, y con toda la fuerza de tu corazón y tu alma repitas conmigo nuestro mantra, te pido que cuando lo hagas lo sientas de corazón, para que puedas empoderarte, y que nada ni nadie te detenga, y así puedas clavar la bandera de la victoria en la cima de la montaña, y acompañado de la mano de tu hij@.

Allá vamos…

Especialmente para ti ♥

Estás pasando por algún desafío grande en tu vida,
¿sabes por qué?

Porque eres grandiosa/o, Dios o el universo sabe que
puede contar contigo

porque eres fuerte y dejarás una diferencia en esta
tierra para las personas que vendrán.

Si eras una persona ordinaria y débil jamás hubiera
tenido un desafío

EXTRA – ORDINARIO,

porque eres una madre, padre, hijo, hermano
desafiad@ que convierten desafíos en bendición.

Tu mayor regalo es la fortaleza única e irreemplazable
que llevas dentro.

Con una sonrisa ☺ en el corazón ♥ siempre verás brillar
el sol ☼

Ahora llegó el momento de pedirte un favor inmenso, un favor súper mega grande y sobre todo muy especial, ¿serías cómplice conmigo? ¿Me ayudarías a que este precioso mensaje llegué a todas las casas de todo el mundo y que toque los corazones de las personas que realmente lo necesiten? Por algún motivo las casualidades de la vida hicieron que estés sosteniendo este libro en tus manos, en este momento.

En este mundo tan maravilloso que fuimos descubriendo a lo largo de la lectura, en este mundo donde es imprescindible el amor incondicional hacia nuestros hijos, y la importancia de una buena alimentación, me ayudarías a llevar este mensaje tan precioso que puede cambiar completamente la vida de un niñ@, un adulto, con "el mundo de David" así recomendar o regalar este libro a todas las personas que pienses que les puede ayudar.

De esta manera comenzaríamos ayudando a miles de familias que sé que necesitan de tu ayuda y la mía, y la manera más linda que el mensaje llegue al mundo es ayudando a **"contribuir, dar, aportar"** LA MANERA DE SENTIRNOS MÁS FELICES EN ESTE MUNDO ES AYUDANDO como desde hace miles de años, se dice la unión hace la fuerza, el 10% de las ventas de la trilogía

Los secretos de mi mundo estarán destinados a esta fundación: *"Con una sonrisa en el corazón siempre verás brillar el sol"* para seguir ayudando a madres y padres que tengan hijos en el "Mundo de David".

> *"Solo aquellos que han aprendido el poder de contribuir sin esperar nada a cambio, de una manera sincera sienten la verdadera alegría en sus corazones, y una manera más profunda de ver la vida: la verdadera satisfacción del amor incondicional."*

Claudia Elizabeth Garcete

Desde ya muchísimas gracias, siempre supe que pude contar contigo, espero que tengas un maravilloso y bendecido día, nos vemos en las páginas de mi próximo libro LOS AROMAS DE MI MUNDO. Para que sigamos aprendiendo, más sobre el "mundo de David", y que ocurre con los 5 sentidos de tu "pequeño mundito", las sensibilidades que tiene y cómo perciben el mundo. En ese libro también hablaremos de la importancia de la orientación de la cama, aplicando el feng shui, ¡y así lograr mejor descanso!

¡Espero encontrarte en las páginas del próximo libro!

¡Hasta entonces te dejo un abrazo grande con mucha energía para que puedas seguir avanzando!

Especialmente para ti ♥

Estás pasando por algún desafío grande en tu vida,
¿sabes por qué?

Porque eres grandiosa/o, Dios o el universo sabe que
puede contar contigo

porque eres fuerte y dejarás una diferencia en esta
tierra para las personas que vendrán.

Si eras una persona ordinaria y débil jamás hubiera
tenido un desafío

EXTRA – ORDINARIO,

porque eres una madre, padre, hijo, hermano
desafiad@ que convierten desafíos en bendición.

Tu mayor regalo es la fortaleza única e irreemplazable
que llevas dentro.

Con una sonrisa ☺ en el corazón ♥ siempre verás brillar
el sol ☼

CONTINÚA LEYENDO: